伟 大 的 思 想
GREAT IDEAS

05

多样的生命形式
HOSTS OF LIVING FORMS

〔英〕查尔斯·达尔文 著
郭乙瑶 译

商务印书馆
The Commercial Press

HOSTS OF LIVING FORMS
by Charles Darwin
Selection copyright © Penguin Books Ltd
Cover artwork © Phil Baines
Simplified Chinese edition copyright © 2023 by The Commercial
Press in association with Penguin Random House North Asia.
All rights reserved.

 "企鹅"及相关标识是企鹅兰登已经注册或尚未注册的商标。未经允许,不得擅用。
封底凡无企鹅防伪标识者均属未经授权之非法版本。

涵芬楼文化 出品

↣ **译者序**

英国《新科学家》杂志曾于2012年10月评选出世界最具影响力的十大科普图书,查尔斯·达尔文(1809—1882年)的《物种起源》(1859年)名列榜首,被评为"有史以来最重要的思想"。可见,这部诞生于一个半世纪前的伟大著作,并没有被科技发展和社会进步所遮蔽,而是一直在璀璨星河中闪烁着奇异光芒,令仰望天空的人们欲罢不能。达尔文将生物个体之间的变化定位为人们理解自然世界的核心问题,创建"进化论",冲出了持续了两千多年的神创论牢笼,为人类摆脱精神枷锁提供了有力理论武器,被恩格斯列为19世纪自然科学三大发现之一。他的《人类的由来》(1871年)和《人类和动物情感的表达》(1872年)则科学地揭示了人类和动植物之间的密切关系,摆脱了人类自身的"夜郎自大",改变了我们对自然、社会和历史的看法,加深了我们对"我是谁""我从哪里来""我到哪里去"这些诘问的理解。达尔文博大精深的思想对自然科学和人文社会科学产生了深远的影响。很多学者认为"生存斗争"和"自然选择"理论成功地渗入我们生活的方方面面,成为人们习用的概念,甚至"成为我们的生活常识和思维惯性"。

1831年12月,22岁的达尔文怀着对科学的极大热情,以地质学家和博物学家的身份从英国出发,参加了"贝格尔号"军舰为期五年的环球航行,在地质和动植物方面都进行了大量考察和标本采集。其后,他又花了二十二年多的时间整理并写就了《物种起源》一书。这次出航,用达尔文自己的话说是他"一生中最重要的事件",决定了他的"人生生涯"[1]。因为这次航行,这位已经获得剑桥大学神学学士学位的"准牧师"发现了三组事实,即"生物种类的连续性、地方特有物种的存在、来自海岛的

---

1. 达尔文:《达尔文自传》,方华文译,河南文艺出版社,2020年,第45页。

证据"[1]，并开始对神创论提出质疑。英国企鹅出版集团为方便读者阅读了解达尔文理论，对《物种起源》进行浓缩，将达尔文运用上述三组事实，并试图通过其"长篇争辩"，解决令当时生物学家对接受"自然选择"学说产生犹疑的三大困难——缺少过渡型化石、地球的年龄、遗传机理[2]的核心部分凝练为《多样的生命形式》，作为"伟大思想"系列丛书的重要一部于2010年出版发行。

本书共包括四个章节："论地质记录的缺憾""论生物的地质学演替""地理分布"和"地理分布（续）"。前两章聚焦地质记录的不完全给自然选择学说带来的种种质疑，后两章通过展现在彼此隔绝的海岛上动植物栖居所呈现出的相似性和差异性，为自然选择的力量进行辩护。在论证过程中，达尔文运用实证、实验以及最佳解释推理等方法，同时引入历史的、变化的概念，通过比较其同时代的诸多相关理论，证明其学说的合理性。

在本书的前两章，达尔文提出，"这个星球上只

---

1. 莫知：《〈物种起源〉的起源》，载于《海洋世界》，2009年第11期，第32—40页。
2. 同上注。

有一小部分得到了地质学考察……我们博物馆里保存的标本和物种的数量与仅仅一个地质层所经历的无数世代相比，甚至连沧海一粟都算不上"。这种地质记录的不完全，使得过渡型生命形式的化石记录缺乏，过渡链断裂，达尔文认为，造成这种情况的原因有三：富含化石的沉积物堆积所需要的特定条件导致地质层的沉积无法保持连续不断，物种的迁徙，迁徙过程中发生的变种。迁徙意味着环境不断变化，而作为环境一部分的生物本身也在不断变化。生物和环境之间的相互作用，是生存斗争，是自然选择，在自然选择强有力的作用下，旧的生命形式逐渐发生变异，进而发展为新的生命形式，而新的、改良了的生命形式因为更加适应新的环境而取代旧生命形式的位置，这种取代，导致了旧生命形式的灭绝，进而在地质层上形成断裂。达尔文在本书中，"将自然地质记录视为保存得并不完全的、以不断变化的语言写就的世界历史"，他认为，"我们对于这部历史，拥有的仅仅是其最后一卷，仅仅和两三个地区有关系。而这一卷，我们也仅仅是在这里或那里保存着短短的一章，而且在每一页上，只有寥寥的几行。用以书写这部历史的语言一直在缓慢变化着，每个词在这些断章中都会或多或少地存在些不同，但是这些词，可能代表着生命形式发生过的明显而且突然的变化，这些生命形式就埋藏在连续但却分布广泛的地质层中"。

在地理分布的两个章节中，达尔文充分运用了他在海岛发现的证据，认为相隔遥远甚至彼此隔绝的各地区动物群和植物群的相似和相异不能完全用气候和其他物理条件来解释，需要同时运用"物种迁徙、随后变异以及新物种的繁殖理论"和遗传理论来解释。在这两个章节中，达尔文运用了大量的篇幅讨论了动植物的分布问题，并指出，"分布广泛不仅意味着穿越障碍的能力，更意味着具有在遥远的土地上和异地同居者进行生存斗争并取得胜利这一更重要的能力"。

达尔文是中国读者最熟悉的科学家之一，"物竞天择，适者生存"为人们耳熟能详，这主要归功于严复在1895年的《原强》中向国人介绍了达尔文及其《物种探原》。其实，国人对达尔文的介绍可以追溯到1873年（清同治十二年），旧历闰6月29日的《申报》上登载的题为"西博士新著《人本》一书"，介绍的正是达尔文的《人的由来》。1919年，马君武用文言体翻译了《物种起源》,书名为《达尔文物种原始》,开创了该书翻译的先河。此后,我国出现过至少六种译本。由于达尔文不断修正自己的理论,加之其表述方式具有维多利亚时期英语长句众多的特点,因而各译本之间均存差异之处。《多样的生命形式》则删除了《物种起源》此前版本的部分内容,使得论述更加凝练、紧凑。本译本也力图为读者呈现该版本的原貌,部分术语的处理参考了前辈们的成果,在此表示真诚的敬意和谢意。

"我们不应该忘记的是,对于这个世界,我们能够准确了解的仅仅是一小部分。"这是达尔文在本书中提出的观点,虽然在当代读者看来似乎并无新奇之处,但这却是对其理论最好的注脚。任何理论都不可能完美无缺,"人类对客观事物的认识总是这样逐步完善的,难能可贵的正是像达尔文这样,能适应时代的需要,提出新的问题,予以科学的探讨,而取得对基本规律不可撼摇的认识"[1]。随着遗传学的发展、更多地层生物化石的发掘以及其他学科的有机综合,达尔文没能解决的问题,已经得到解决或

---

1. 费孝通:《潘、胡译〈人类的由来〉书后》,载于《人类的由来》,商务印书馆,2005年,第950页。

者将来一定会得到解决。

自然、时代和社会的复杂性以及经典本身的丰富性决定了经典是说不尽道不完的。我们希望,《多样的生命形式》这部兼有文学性、创造性、想象力、思辨性的非凡著作,以及作者的坚韧、勤勉、对科学的热爱和矢志不渝的追求精神,能激励我们的读者,助力他们成为达尔文一样热爱诗歌、音乐、艺术、哲学、科学的通才,这也是究天人之际,察古今之变的智者共有的精神气质。时逢盛世,百废俱举,相信我们的国家在复兴之中也能够出现我们自己的达尔文们,筚路蓝缕的跋涉者薪火相传,继往圣绝学,开万世太平。

郭乙瑶

目 录

论地质记录的缺憾	1
论生物的地质学演替	41
地理分布	85
地理分布(续)	133

↠ 论地质记录的缺憾

［达尔文讨论了针对自然选择学说的种种质疑，认为这些质疑是由化石记录缺少对于中间形式的记录而造成的。］

可以确定，地质记录存在的极度不完整引发了我的下述论述。

首先，根据自然选择学说，始终应该考虑的是，哪一种中间的生命形式是过去曾经存在过的。我发现，在观察任何两个物种时，很难避免去想象**直接**介于这两个物种之间的生命形式。但这却是一种完全错误的意图。我们总是应该寻找一种中间形式，一种介于每一个物种与整个物种共同却未知的祖先之间的形式；而这个祖先通常又与其所有变异的后代之间存在着一些不同。举一个简单的例子：扇尾鸽和凸胸鸽都是岩鸽的后代，如果我们找到了所有存在过的中间变种，我们一定会发现它们与岩鸽之间各自存在一系列紧密过渡的变种，可是，我们在扇尾鸽和凸胸鸽之间却找不到直接的变种。比如说，尾部或嗉囊的些许增大分别是两种生命形式的典型特征，但我们却没有发现其中任何一种形式兼具上述两个特征。而且，这两个品种都已经发生了许多改变，如果没有历史记载或其他直接的证据证明它们的起源，单单凭借对两种原鸽身体结构的简单比照，我们不可能确定它们的祖先到底是这个物种还是其他近缘物种（allied species），比如欧鸽。

因此，如果观察迥然不同的自然界中的生命形式，比如马和貘，我们没有理由假设它们之间存在直接的联系，但是可以假设在它们和某种未知的共同亲代（母体）之间存在这种联系。在其共同亲代的全部组织中会存在很多与貘和马相同的地方，不过其某些构造却与二者都存在巨大的差异，也许比马和貘之间的差异还要大。因此，在这类情况下，因为后代已经发生了改变，即使仔细比照亲代和其后代的结构，如果我们没能同时发现近乎完美的中间环节的链条，那么我们应该还是无法辨识任何两个或多个物种的亲代形式。

根据我的理论，两种生命形式中的一种可能是另一种的后代，比方说，马或许是貘的后代，那么在这种情况下，它们之间就应该存在过**直接**的中间环节。但是这种情况也许意味着一种生命形式在相当漫长的时期内没有发生任何改变，而其后代却经历了巨大的变化。同时，有机体之间、后代与亲代之间的竞争法则表明，这种情况非常罕见，因为在所有情况下，一种新的、改良的生命形式将取代旧的、没有发生改进的生命形式。

根据自然选择理论，所有有生命的物种都与本属的亲代有所联系，其区别并不比现存同一物种的变体之间的区别更大，而这些亲代物种，现在基本上已经灭绝，却同样与更加古老的物种有着联系。再往前推，这些物种总是会汇集到每一个纲的共同祖先。这样，存在于所有现存和灭绝的物种之间的中间环节和过渡环节的数量一定相当惊人。如果这个理论成立，那么这些中间环节一定在地球上存在过。

关于时间的流逝

虽然我们没有发现化石记录可以证明，地球上存在无限多的中间环节，我们依然可以反驳时间不足以满足数量如此众多的有机体变化的论断，因为所有的变化都是通过自然选择慢慢完成的。我甚至没有办法让我的读者清楚这些事实，清楚它们会给充分理解时间的流逝造成障碍，因为我的读者可能并不是职业地质学家。这些读者可能拜读过查尔斯·莱尔爵士的巨著《地质学原理》，这是一部将被未来的历史学家视为引发自然科学界革命的著作，但这些读者可能依然不想承认，过去漫长的时间是多么让人难以理解的浩瀚，所以他们可能会马上合上这本书。并不是说只研究《地质学原理》或阅读不同观察者关于地层的专业论文，然后记录下每一位作者对每一地层组甚或是每一个岩层的存续期所提出的观点，就足够了。一个人需要认真研究层层叠加的地质层多年，需要目睹大海如何把古老的礁石冲刷成粉末并形成新的沉淀物，他才有望理解时光的流逝，理解我们四周触目可及的各种遗迹所隐含的意义。

沿着海岸线漫步，看着那里不是特别坚硬的礁石，关注它陵夷的过程，是非常有益的事情。大多数海岸的潮水会每天两次冲上礁石，但每次持续的时间都很短，而且也只有在海浪裹挟着砂石的时候才会产生侵蚀，因为我们有理由相信纯净的水几乎不会，或者根本就不会磨蚀岩石。最终悬崖的底部会被侵蚀，碎石滚落，虽然也有没有滚落的部分，但还是会被一点一点地磨损，直至它们小到被海浪冲走，然后会很快变成碎石、沙子或泥土。在不断退却的礁石底部，我们经常会看到被海水冲得浑圆的巨石，这些巨石全都披着由海洋生物织就的外衣，昭示着它们被海水削蚀得多么缓慢，被海水卷走的概率多么微小！而且，如果沿着满是礁石的海岸走几英里，我们会发现，这些礁石正在被海水侵蚀着，在不远处，或者沿着岬角，还会不时地发现正在遭受陵夷的悬崖。海水一直冲刷着岩石的底部，它表面的植被显示着岁月的流逝。

我相信，那个仔细研究海洋对海岸产生过何种作用的观察者，一定会深切感受到沿岸礁石被海水冲走需要花多长的时间。休·米勒的观察，还有来自约旦山的杰出观察家史密斯先生的观察，都给人留下了深刻的印象。这些充满智慧的观察，会促使人们去细查几千英尺厚的砾岩脉，虽然这些岩脉可能比其他矿床形成的速度更快，但是从每一块粗糙但又被削去棱角的卵石可以看出，这些砾岩脉的形成是多么缓慢，因为每一块卵石上都带有时间的印记。请这位观察者一定牢记莱尔爵士发人深省的评论，这些沉积物的厚度和广度是侵蚀的结果，也是侵蚀程度的标记，和地壳在其他地方遭受的侵蚀别无二致。很多国家都有沉积物形成的矿床，这说明侵蚀发生的频率有多高！拉姆齐教授根据多次实际测量以及少数估计判断得出了数据，并和我分享了大不列颠各地区沉积物的最大厚度，结果如下：

古生代地层（不包括火成岩岩床） 57 154英尺
中生代地层 13 190英尺
第三纪地层 2240英尺

总计72 584英尺，将近13.76英里。这些地质层中有一部分在英格兰以很薄的地层呈现，但在欧洲大陆上却有几千英尺厚。但是，层与层之间，会有很长的空白期，这一点已经得到大部分地质学家的赞同。

因此，英国这些大面积的沉积岩，能够表明在其形成的过程中，有多少时光在慢慢流逝啊！虽然证据并不充分，但不可否认，时光被消耗了。很多优秀的观测者都估计，密西西比河沿岸的沉积速度仅仅是每一万年600英尺。这个估计可能存在巨大的偏差，但是，如果考虑到海浪是在如此广阔的空间内搬运这些细微沉积物的，就可以推测任何一个地方沉积岩形成的速度是相当缓慢的。

不过，在很多地方，除了剥蚀物的聚集速度外，地岩层所遭受的剥蚀量可能为时间的流逝提供了最好的证据。我记得，当我看见火山岛时，曾被那些剥蚀的证据震撼，那些岩石已经被海浪的冲刷削掉了棱角，变成了一两千英尺高的绝壁，而那些由火山岩浆形成的缓坡，由于之前岩浆呈液体状态，让人一眼就可以看出那些坚硬的岩床曾怎样延伸到浩瀚的大海之中。同样的故事由断层来讲述就更加清晰了——地层上那些巨大的裂缝，总是一边凸起，另一边凹陷，高度或深度可达几千英尺，因为自从该处地壳出现断裂，海水的运动已经将土地的表面彻底削平，致使我们从外部察觉不到巨大断层的痕迹。

比方说克雷文断层，就向上延伸了30英里，沿着断裂线，地层垂直移位600英尺到3000英尺不等。拉姆齐教授发表过关于安格尔希地区下落2300英尺的描述，而且他还告诉我说，他坚信梅里奥尼斯郡肯定还存在12 000英尺的下落，但是在这些案例中，表面上已看不出这种惊人的地壳运动的任何迹象，因为处于任何一边的岩石都已经被海浪慢慢冲到了另外的地方。对这些事实的思考让我感觉到，想彻底弄清楚这些现象就和想要努力弄清楚"不朽"这个概念一样，是徒劳无功的。

我还想举另外一个例子，那个众所周知的威尔德地区剥蚀的例子。虽然我们必须承认，威尔德地区的剥蚀问题——有些地方已经达到了上万英尺厚，和拉姆齐教授关于这一主题的出色研究报告中显示的那些取代了古生代地层的剥蚀相比显得无足轻重，但是站在北冈向遥远的南冈望去，还是非常震撼，因为如果了解到在向西不远的地方，南北的峭壁会相交重合，就可以在头脑中构想出一幅画面，巨大的穹形岩层在如此有限的时间内（自白垩纪地层沉积的后期）覆盖着威尔德地区。根据拉姆齐教授的数据，北冈和南冈之间相距22英里，地层的平均厚度为1100英尺。但是，有一些地质学家提出，如果威尔德地区下面分布着古老的岩石带，这些岩石立面上的沉积岩分布层比其他地区薄，那么上述判断也许就是不正确的，不过这种怀疑对于针对这个地区最西面的判断不会产生巨大的影响。由此可见，如果我们知道海水冲走某一特定高度的峭壁的平均速度，我们就可以测出剥蚀威尔德地区所需要的时间。当然，这是不可能的，但是对于这个问题，如果想得到一个粗略的概念，不妨假想一下海水以每100年1英寸的速度耗掉一个高500英尺的峭壁所需要的时间。这种假设看起来好像剥蚀的速度过慢，但是和设想海岸线上1码高的峭壁会在22年左右被海水吞噬掉是一样的。我怀疑，任何一种岩石，即便像白垩那样软，在没有海水冲刷的地方也会以这样的速度剥蚀，当然山体崩落的碎片会大大加快高耸峭壁的剥蚀速度。另一方面，我相信，10英里或20英里长的曲折的海岸线，每个部分的剥蚀速度是不同的，而且，我们还需要记住的是，地层几乎都覆盖着一层硬硬的外壳或者覆盖着由于海水持续冲刷而形成的结核。因此，可以得出结论，通常情况下，500英尺高的峭壁，以一个世纪1英寸的最大速率剥蚀的话，威尔德地区的剥蚀大约需要306 662 400年，或者说3亿年。

威尔德地区的地势微微有些倾斜，当它抬升后淡水对它的作用并不明显，但也会从某种程度上削减上面的估算结果。此外，我们知道，该地区发生过无数次水平面的升降波动，其表面数百万年来一直是以陆地的状态存在的，这样就避免受到海水作用的影响；当这一地区在同样的时间内浸没在水下的时候，同样也会避免海浪的冲刷。所以，从中生代后半段起很可能有超过3亿年的时间已经流逝了。

我做出上述评论的目的是要表明，虽然记录不完整，但我们还是有必要对时光的流逝形成一些概念。在岁月的长河中，每一年，整个世界上的每一片陆地和海洋都曾生存过无数的生命形式。在漫长的岁月里，世世代代以人们难以充分理解的速度交叠更替，无休无止。现在，让我们转到馆藏最丰富的地质博物馆，看看我们的展品少得多么可怜！

关于古生物学样本的匮乏

我们的古生物学样本并不完善，这一点每个人都承认。令人钦佩的已故古生物学家爱德华·福布斯认为,我们的化石种类编号是根据单一而且通常是已经被毁坏的样本或是在同一地点发现的几个样本命名的,这个评价不应该被忘记。地球表面只有很小的一部分得到了地质学意义上的发掘,而且从每年欧洲的重要发现来看,每一个部分都没有得到充分关注。通体柔软的生物体没有一种能够保存下来。贝壳和骨骼如果散落在海底,没有沉积物掩盖,便会腐烂,然后消失。我相信,如果我们一直彼此心照不宣地承认沉积物会堆积在差不多整个海底,而且其堆积速度足以埋藏并保存化石残骸,那我们就大错特错了。海洋绝大部分呈蔚蓝色,说明海水是纯净的。记录中有许多这样的案例:一个地层被另一个后生地层完全覆盖,期间相隔很长一段时间,而在这段时间内,被覆盖的地层没有出现任何磨损,这种现象似乎只能用海底条件多年来一直未发生改变这样的观点来解释。如果被埋藏的遗骸是在沙子或砾石下面,当地层上升时,它们通常会被渗入的雨水分解。我对此种观点虽持怀疑态度,却也无从考证,因为在涨潮和退潮之间生存在海滩上的动物虽有很多种类,却鲜有得以保存的。例如,小藤壶亚科（无柄蔓足类的亚科）的多个物种给世界各地海岸上的岩石都披上了外衣，这些物种数量巨大，全部生长在海岸，只有一个地中海的物种例外，这个物种生长在深海中，其化石已经在西西里被发现，而迄今为止，在第三纪地质层中尚未发现任何其他物种，但藤壶属曾经存在于白垩纪，这一点现在已经明确。软体动物门的石鳖属从某种程度上说提供了可供类比的案例。

至于生存在中生代和古生代的陆栖生物，我们从化石残骸中收集到的证据极其零散，这一点毋庸赘言。比方说，除了C.莱尔爵士在北美洲的石炭纪地层发现的陆栖贝类之外，还没有发现任何属于上述两个漫长时期的陆栖贝类。关于哺乳动物的遗骸，我们无须仔细阅读莱尔的《基础地质学手册》，只要扫一眼附录中的历史年代对照表就可以清楚地认识到这样一个真实情况：遗骸的保护是多么偶然、罕见而弥足珍贵。如果我们记得第三纪哺乳动物的骨骼有多大比例是在洞穴或是湖沼沉积物中被发现的，并且记住，没有一个被发现的洞穴或真正的湖床属于我们的中生代或古生代地层时期，这样看来，遗骸保存的罕见现象就不足为奇了。

但是，地质记录的不完整主要是由于另外一个，而且是比之前提到的更重要的原因，具体来说，就是巨大的时间间距将若干地质层相互隔开。当我们在文献中看到以列表形式展现的地质层时，或者当我们在自然界亲身考察时，难免会产生地质层都紧密相连的想法。但是我们知道，例如在R.麦奇生爵士关于俄罗斯的伟大著作中可以看到，那个国家的叠加地质层之间在时间上存在多么大的间隔，北美洲及世界上许多其他的地方也是如此。如果一个能力超群的地质学家的注意力全部集中在这些广大的地域，那他也许不会想到在自己的国家那段空白的时间内，含有新奇生命形式的、巨大的沉积物正在其他地区慢慢堆积。而且，如果在每一个互不相连的区域，关于各个连续地质层之间逝去时间的长度问题无法形成任何观点的话，那么我们就可以推断，这个问题在任何地方都无法弄清楚。连续地质层的矿物构成发生的频繁而又巨大的变化通常表示周围地域也存在地理学上的巨大变化，由此产生了沉积物，这与每个地质层的形成期间都存在着巨大的时间间隔这个观点相吻合。

但是我认为，我们能够理解为什么每一个地区的地质层之间肯定存在断裂，即是说，一个和另一个地质层并不是连贯的。最触动我的事实是，我在考察南美洲几百英里的海岸时发现，这里在近期内上升了几百英尺，却没有发现任何足以存在甚至一个短短的地理周期的沉积物。整个西海岸都栖息着特别的海洋动物群，但是第三纪地层却没有充分形成，以至于找不到某些持续存在的特殊海洋动物群可能会在更久远的时代存在的记录。虽然很多地质世纪以来，海岸岩石大规模的陵夷和注入海洋的泥流为沉积物的形成提供了充分的条件，但是沿着南美洲西部升起的海岸线，在任何地方都没有发现存在近期或第三纪遗骸的大面积地质层，这个问题稍加思考就可以解释。无疑，解释就是，沿海岸和近海岸的沉积物一旦被缓慢而逐渐上升的陆地带进海浪磨蚀活动的区域内，就会遭到不断的侵蚀。

我想，我们可以得出这样的结论，沉积物的堆积必须在其升高初期以及水平面连续变化期间就在厚度、硬度及面积上都达到极致才能够抵御海浪的不断冲刷。这种密布且绵延的沉积物堆积可能通过以下两个途径之一形成：其一，在深海底堆积，根据E.福布斯的研究结果判断，在这种情况下，海底只有极少数动物栖息，而且沉积块的上升会使得当时存在的生命形式的记录变得极度不完整；其二，在浅海底堆积，沉积物可以在浅海底堆积到任意的厚度和面积，条件是，之后持续缓慢下沉。在后一种情况下，只要下沉的速度和沉积物的补充之间几近平衡，海水将一直是浅浅的且适合生命存在，这样，当这些沉积物上升后，可能会形成化石地层，其厚度可以抵御剥蚀作用。

我相信，所有富含化石的古代地层都是如此在海底沉陷过程中形成的。自1845年发表关于这个主题的观点以来，我一直关注着地质学研究的进展，而且很惊奇地注意到，在讨论这种或那种巨大的地层问题时，一个又一个作者都会得出这样的结论：这种地层是在沉积过程中累积而成的。我想要补充的是，南美洲西海岸唯一的古代第三纪地质层，一定是在水平面向下振动期间沉淀而成，并因此累积了相当的厚度，同时其庞大的面积抵御了之前经历的所有陵夷，但将无法继续存在至久远的地质时代。

所有的地质学事实都清楚地告诉我们，每一个地域都经历过无数缓慢的水平面波动，而且很显然，这些波动影响的面积巨大。结果是，具有足够厚度及广度以抵御随后的陵夷的、富含化石的地层在沉降期内可能已经在很广阔的地域形成，但是仅限于以下地区：丰富的沉积物可以始终保持海水的浅度，同时可以将遗骸在其腐化之前埋藏并保护好。另一方面，只要海床保持静止不动，厚沉积物无法在最适合生命存活的浅水区累积。在与下沉交替存在的上升期间，厚沉淀物更无可能形成，或者更准确地说，这期间堆积起来的海床会遭到毁坏，因为海床会上升，从而被带入海岸作用的范围之内。

这样，地质记录几乎不可避免地呈现出一种周期性的不连贯状态。我对这些观点的正确性非常有信心，因为这完全符合C.莱尔爵士反复强调的总原则，而且E.福布斯也通过不同的研究方法得出了非常相似的结论。

这里还有一点需要稍加注意。在上升期，陆地及与之相连的浅海区域将会上升，这样会形成新的活动场所——因为正如前文所言，所有的环境对新的变种和新的物种都最为有利，但是，关于这期间的所有活动在地质记录上却是一片空白。另一方面，在沉淀期，被栖息的地域以及栖息物种的数量会下降（刚刚被分裂成列岛的大陆海岸除外），因此，在沉积的过程中，虽然灭绝的物种非常多，但是极少数新的变种和新的物种会形成，而且，我们所发现的富含化石的巨大沉积物却正是在这些沉降期间堆积起来的。似乎可以这样说，自然阻止我们发现它的过渡和中间类型。

根据上面的思考，可以确定的是，地质记录从整体上看，是极度不完全的。但是，如果我们把注意力局限到任何一个地质层，就会发现，在该地质层中的两个近缘物种之间始终找不到紧密过渡的各个变种，其原因更加难以索解。同一物种在同一地质层上部和下部存在一些不同种类的变种，记录中的确记载着一些这样的个案，但是，由于数量稀少，所以在这里可以忽略不计。虽然每一个地质层的堆积都需要无数年时间，这一点毋庸置疑，但是为什么期间生存在该地质层的物种之间却不包括一系列渐进的过渡环节，从中我能够发现几个原因，但要分出主次，在后文讨论时绝不能一概而论。

虽然每一个地质层都标志了漫长岁月的流逝，但是与一个物种转变为另一个物种所需的时间相比，却似在弹指之间。我知道，两位古生物学家博隆和伍德沃德的观点非常值得尊重，他们认为，每一个地质层的平均存在时间是特定生命形式存在时间的两倍到三倍。但是，对我而言，似乎有一些不可逾越的难关阻止我们在这方面得出任何恰当的结论。如果我们看到一个物种在任何地质层的中间部分第一次出现，就推断出该物种在其他地方没有存在过，那这将是非常草率的。同理，如果我们发现一个物种从已经堆积成形的地质层的最上层消失，就假定其在当时就已经完全灭绝，也同样是非常草率的。因为，我们忘记了，欧洲与整个世界相比是多么狭小，而且整个欧洲同一地质层的几个阶段也没有进行过精确比较。

通过观察各种海洋动物，我们可以确切地推断出，在气候以及其他环境变化期间，一定出现过大量的动物迁徙，而且如果我们在任何地质层发现了某一物种的第一次出现，非常有可能仅仅是因为该物种初次迁徙至该地域。比如，众所周知，一些物种在北美洲古生代层出现的时间较其在欧洲出现得要早，显然，从美洲海域向欧洲海域迁徙需要时间。考察世界不同地区最近的沉积物时发现，某些少数依然存在的物种在沉积物中很常见，但是在周围的海域却已经灭绝，或者反过来，一些现在栖息于附近海域大量存在的物种，在特定区域的沉积物中却非常罕见。如果我们反思一下冰河时期（仅仅是整个地质学时期的一部分）欧洲的栖息动物确切的迁徙量，还有同一冰河时期内水平面的巨大变化、气候规律的巨大变化以及时间的奇妙流逝，都将受益匪浅。但是，也许有人会怀疑，在整个冰河时期，是否在世界的任何地区，沉积物的累积，**包括化石遗骸**，都会发生在同一地域之内。比如，在密西西比河的河口附近，在海洋动物足以繁衍生息的深度范围内，沉积物大概不会是在整个冰河时期内堆积起来的，因为我们知道，同一时间跨度之内美国其他地区发生过多么巨大的地理变化。在冰河时期的某些阶段，在这种地层在密西西比河口的浅水区堆积的同时，如果发生了地壳上升，由于物种的迁徙和地理变化，有机体残骸的首次出现和消失都会呈现出程度上的差异。而且在遥远的将来，当地质学家考察这些地层时，非常有可能会试图得出这样的结论，认为嵌入地层的、已经变成化石的生命，其平均存续时长要比冰河时期的生命存续时间短，而不会尝试得出其存续时间更长，一直从冰河时期之前存续到现在这样的结论。

沉积物需要经历相当长时期的累积才能在同一地质层的上部和下部之间形成完美的分层,才能为缓慢的变异过程提供足够的时间,因此沉积物通常都需要非常厚,而且正经历变异的物种将必须在整个期间内都生活在同一个区域。但是,我们已经看到,一种富含化石的厚地质层只能在沉降期内累积,同时,为了保持海水深度基本相同以确保同一物种得以在同一海域存活,沉积物的供给速度必须和沉降的速度基本持平。但是,这同一沉降运动通常会造成沉积物得以形成的区域下沉,这样,持续的下沉运动就大大降低了沉积物的供给。事实上,沉积物的供给与沉降量之间近乎精准的平衡也许只是非常罕见的偶发事件,因为不止一位古生物学家已经发现,沉积物非常厚的岩层上,最上层和最下层除外,总是很少能发现有机体的遗骸。

总体来说,每一个独立的地质层,比如任何一个地区的整体地质层群,其累积都呈间歇性。如果我们看到——情况经常就是如此,一个地质层包含许多含有不同矿物成分的岩层,那可能就有理由怀疑沉积物的形成过程遭到了很大程度的阻断,因为,由于地理变化,洋流的改变以及不同性质沉积物的供给通常都需要相当长的时间。即便对地质层进行仔细考察,也无法弄清楚其沉积所耗费的时间。上述地区的地质层由只有几英尺厚的岩层组成,这样的例子并不少见,却代表着其他地方需要漫长的时间才能够累积而成的几千英尺厚的岩层,不过,即便没有注意到这个事实,也不会有人想到这种相对薄的地质层也代表着漫长的时间的流逝。很多例子都可以证明,一个地质层的相对低的岩层曾经经历了升高、剥蚀、被海水淹没,然后又被同一地质层的上部岩层再次覆盖——这些事实表明,累积的过程中存在着非常长的间隔时期,这一点很容易被忽视。在其他一些案例中我们可以得到最直接的例证,比如大树已经变成了化石,但依然像生长时一样直直地挺立,如果这些树没有机会得以保存,我们就无法了解在地质层堆积的过程中曾经历的漫长时间间隔和不止一次的水平面变化:据此,莱尔先生和道森先生在新斯科舍省发现的1400英尺厚的石炭纪岩床,岩床内可以看到至少属于68个不同水平面的、彼此相叠的古代树根层。因此,如果同一物种同时出现在一个地质层的下部、中部和顶部,可能它们在整个堆积的过程中并没有生存于同一个地点,而是也许在同一个地质时期内曾多次消失,然后再次出现。这样,如果这类物种在任何地质时期必须经历相当程度的变异,那么,地质层的某一个部分可能不会包括所有精确的中间过渡环节(尽管根据我的理论,它们必定是存在的),而只有突然出现的(尽管也许是非常微小的)变化的类型。

博物学家没有任何可以用来区分物种和变种的黄金法则,记住这一点十分重要。他们姑且承认每一个物种都存在一些微小的变异性,但是当遇到两种形式之间较大的区别时,就会将二者看成不同的物种,除非能够发现将两种形式密切连接的中间过渡环节。但是按照刚才罗列的原因,我们却很少能在任何一个地质学的断面中都找到这种连接。假定B和C是两个不同的物种,并且在下面的岩床中发现了A;即使A严格地介于B和C的中间位置,它也会被简单地列为第三个不同的物种,除非它与其中一个或与两个形式之间存在可以将之紧密相连的中间变种。同样不应该忘记的是,正如我们之前解释的,A也可能是B和C真正的祖先,但不一定在结构的所有方面都是其严格的中间部分。因此,在一个地质层的下部或上部的岩床中,我们可能发现亲代物种及几个经过了变异的子孙,而且,如果我们没能获得大量过渡环节,那么我们应该无法识别它们之间的关系,因此不得不将其列为不同的物种。

很多古生物学家发现所谓的物种仅仅是基于非常细微的差别,而且只要在同一地质层发现了来自不同亚层的标本,他们就迫不及待地将其认定为一个新的物种,这种情况众所周知。现在,一些有经验的贝壳学家正将德·奥比尼以及其他博物学家发现的很多差异极微小的物种降至变种序列,而且在这一点上,我们可以基于我的理论发现我们应该注意到的变化之证据。但是,如果我们关注一下更加宽泛的间隔时期,具体而言,即同一巨大的地质层独立却连贯的亚层,我们会发现嵌入的化石,虽然通常被列为尤其不同的层级,但是相比于更加广泛分布的独立地质层中发现的物种,这些化石彼此之间的联系更加紧密。关于这个问题,我将在下一章继续讨论。

另外一种考虑也值得注意:因为动植物能够快速繁殖且活动范围不大,所以我们有理由推测,正如我们之前看到的,它们的变种通常会在其出现之地保持原地不动,而且这种地方性的变种在受到相当程度的修正和改良之前不会扩张,也不会取代其亲代形式。根据这种观点,在任何一个地方的同一地质层中发现两种生命形式之间跃迁的所有早期阶段,概率微乎其微,因为连续的变化应该是地方性的或者被局限在同一地点的。大多数海洋生物的活动范围较广,而且我们已经看到,分布范围最广的植物,变种出现的概率最大,因此,贝类和其他海洋动物中,也许正是那些活动范围最大的(远远超出了已知的欧洲地质层的范围),可能最常出现变种,先是在当地的区域内,最后变成新的物种,这样就大大缩减了我们在任何一个地质层追溯过渡诸阶段的机会。

不应该忘记的是,即使今天我们已经拥有了极好的可供检验的标本,但是,在从多地收集到大量标本之前,很少有中间的变种能够将两种样本类型连接起来,因此无法证明它们是同一物种,而且在对已变成化石的物种进行检测的案例中,古生物学家也很少能够建立这种连接。也许,我们最好能意识到,依靠大量细微难察的中间化石环节,无法建立起物种之间的连接。我们应该这样自问,比如,在不远的将来,地质学家能否证明现存不同种类的牛、羊、马和狗究竟是源自单一祖先还是几个土著原种？或者，问自己另外一个问题，那些栖息在北美洲沿岸的贝类生物——有些贝壳学家将其列为与欧洲典型贝壳种不同的物种，而另一些仅将其视为变种，究竟真的是变种，还是所谓的尤为不同的物种？这个问题只能等到未来的地质学家在化石中发现大量的中间过渡环节后才能够回答，而在我看来，这种可能性微乎其微。

虽然地质学研究已经为现存的和灭绝的属添加了大量物种，并且使少数族群之间的间隔期大大缩短，但还是没能通过大量细微难察的中间变种建立起物种之间的连接，即是说，在打破物种间壁垒的问题上毫无建树。而且也可能正因如此，出现了许多针对我的观点的最激烈、最明显的反对意见。在这里，有必要运用一个假想的例证总结一下之前的论述。马来群岛的面积等于从北角到地中海，再从英国到俄罗斯的欧洲总面积，所以它相当于除美国之外所有已经经过精密考察的地质层面积的总和。我完全赞同古德温-奥斯丁先生的看法。他认为，马来群岛拥有无数被宽阔的浅海隔开的巨大岛屿，其现状可能可以代表以前欧洲的状况，其时欧洲大多数地质层正在堆积。马来群岛是世界上有机体存在最丰饶的地区，但是如果将曾经生活在那里的所有物种都收集起来，将会发现，它们所代表的这个世界的自然史是多么不完整！

但我们有足够的理由相信，群岛的陆栖生物在我们假定在那里堆积的地质层中被保存得极不完整。我推测，可能没有很多严格意义上的海岸动物或那些生存在海底裸露岩石上的动物会被埋藏在那里。那些嵌在砾石或海沙中的动物是无法保存至久远的时代的。无论是在海底没有沉积物堆积的地方，还是在堆积速度不足以抵御有机体腐烂的地方，生物的遗骸都不可能被保存下来。

我相信，富含化石的地质层只有在沉陷期内才能在群岛上形成一定的厚度，在未来足以持续到如过去的中生代地质层那样久远的未来。这些沉陷期被巨大的间隔时期彼此隔开，期间该地区或者保持静止不动，或者持续上升。在上升期间，每一个富含化石的地质层都几乎经历着同样的命运：一旦累积而成，马上就遭到持续的海岸作用的破坏，比如我们现在看到的南美洲海岸。在沉陷期内，生命灭绝的程度可能会达到峰值；而在上升期内，会出现大量的生物变异,但是那个时代的地质记录最不完整。

还不可能确定的是,群岛的全部或一部分发生沉陷的同时,沉积物会累积,会需要经历漫长的时期,这些时期的长度是否会超过同一特定生命形式的平均存在期,而这些偶发现象对于保存任何两个或多个物种之间所有的过渡性渐变是必不可少的。如果这些渐变得不到完整的保护,那么过渡性的变种就几乎不会以独特的物种形式出现。沉陷的每一个漫长时期也可能会被水平面的波动阻断,而且在此漫长的时期内,每一个微小的气候变化也会起到干预作用,在这些情况下,群岛上栖息的生物不得不迁徙,这样,在任何一个地质层都不会有关于生物变异的连续记录被保存下来。

群岛上相当数量的海洋生物已经突破了其属地,分布到几千英里外的范围,依此类推,我可以相信,正是这些分布广泛的物种可能最常产生变种,而这些变种一般在一开始形成的时候是地方性的,或者说局限于某一地区,但是一旦获得决定性优势,或者说当进一步的修正和改良完成以后,它们会慢慢地散布并取代其亲代形式。但这些变种回到其原来的栖息地时，因为它们原有的形态几乎无一例外地发生了改变，虽然改变的程度较轻，但根据许多古生物学家遵循的原则，这些变种都将被列为新的、不同的物种。

如果这些讨论有一定道理，那么我们就无权期待在我们的地质层中，发现为数众多的、差异微小的过渡性生命形式，而这些生命形式，根据我的理论，已经将同一类群过去和现在的所有物种都连接成一个生命的链条，这个链条很长，且包括许多分支。我们所要做的只是，寻找几个新的连接，有些关系紧密，有些只是在很久以前彼此相关，而这些连接，无论远近，如果在同一地质层的不同阶段被发现，那么大多数古生物学家都会将它们列为独立的物种。但是，我承认，如果不是在出现于每一个地质层初期和末期的物种之间很难发现大量过渡环节，而因此对我的学说产生巨大的挑战，我也不会怀疑保存最完好的地质断面中，地质记录会如此不完全。

关于近缘物种全群的突然出现

整个物种群在某一特定地质层的突然出现，引起了几位古生物学家的关注，比如阿加西、皮克泰，还有最有说服力的赛奇威克教授，他们都将这种突然性当作物种演变这一信念的致命缺陷。如果属于同属或同科的无数物种真的都是突然一起冒出来，这个事实对于通过自然选择来缓慢演变的理论来说将是致命的一击。因为从同一祖先传下来的一组生命形式的发展演变一定是一个极其缓慢的过程，而且这些祖先一定在其变异的后代出现之前就已经存在了很久。但是，我们一直过高估计了地质记录的完整性，而且，因为在地质层的某一特殊阶段下面并没有发现特定的属或科，所以常常通过推断得出错误的结论，认为它们在那个阶段之前根本就不存在。我们也一直忘记了，与被我们已经仔细考察过地质层的区域相比，这个世界是多么广袤。我们也忘记了成群的物种在侵入欧洲和美洲的古老群岛之前在其他地方可能已经存在了很久，而且已经慢慢地完成了繁衍。我们没有考虑到巨大的时间间隔，那些在连续的地质层之间可能流逝的时间，这些时间间隔也许比每一个地质层堆积所需要的时间还要长。这些间隔将为物种从某个或某几个亲代形式中繁衍出来提供时间，而且在随后的地质层中，这些物种会像突然被凭空创造出来一样出现在这个世界上。

这里我要回顾一下之前所做的评论,即一个有机体适应某种全新的特定生活方式需要一段漫长而且连续的时间,比如在空中飞翔,但是等完成适应后,有一些物种会因此相比于其他物种获得了巨大的优势,只需相对短的一段时间即可繁殖出许多不同的形式,并且能够在全世界快速而广泛地散布开来。

现在我举几个例子来解释一下这些论断,同时也说明一下我们对物种的全群突然出现的假定多么容易犯错误。我再回顾一个众所周知的事实,即在很多年前发表的地质学文章,都提及哺乳动物是在第三纪一开始的时候突然出现的。而且迄今为止,最为人熟知的哺乳动物化石集聚属于中生代中期,并且在这个大的岩系段几近开始部分的新红砂岩中发现了真正的哺乳动物化石。居维叶曾一直坚持,在第三纪任何岩层中都没有猴类出现,可是现在,印度、南美洲和欧洲却发现了其灭绝了的种,甚至最早可以追溯至始新世阶段。而且,最引人注目的例子是鲸科,因为这些动物拥有巨大的骨骼,是遍布全世界的海洋生物，但是在中生代的任何地质层中却没有发现一具鲸的骨骼，这似乎完美地证明，这一巨大而独特的目是在中生代晚期和第三纪早期的间隔期间突然出现的。但是现在，我们可以在莱尔出版于1858年的《手册》的附录中读到，鲸类存在的最清楚的证据是在上部绿石砂层，大约处于中生代结束前夕。

我还可以举另外一个例子，就发生在我眼前，让我印象深刻。我在一篇讨论无柄蔓足类化石的文章中曾经说，根据现存及灭绝的第三纪物种数目，根据全世界个体物种的惊人数量，根据从北极到赤道栖居在从高潮线到50英寻的海底物种栖居的不同区域，根据最古老的第三纪岩床标本保存的完整状态，甚至根据一个壳瓣碎片的辨识容易度，综上，我推断，如果无柄蔓足类曾经存在于中生代，它们肯定会被保存下来并已经被发现，而且，由于在该时代的岩床中没有发现任何一个这类物种，所以我得出结论，这个大群是在第三纪开始的时候突然发展起来的。这个论断给我带来了一些痛苦，因为我以为上述结论可以为某一物种大群的突然出现这一论断增加一个例证。但是我的著作刚出版，就收到了一位有经验的古生物学家博斯凯先生一张完整的标本图，无疑是一种无柄蔓足类标本，是他在比利时的白垩纪岩层中采集的。而且，就好像是要让这个事例更加令人印象深刻一样，这种无柄蔓足类属于一种非常常见的、巨大的而且是随处可见的属，藤壶属，而此前任何第三纪岩层中都从未发现过任何一个标本。这样，我们现在就可以肯定，无柄蔓足类的确存在于中生代，而且这些蔓足类很可能还是我们发现的许多第三纪以及现存物种的亲代。

关于物种全群突然出现的问题，古生物学家们最常提到的例子就是白垩纪下部的硬骨鱼类。该群包括现存鱼类物种的绝大部分。最近，皮克泰教授还将它们的生存年代往前推了一个亚阶，而且一些古生物学家认为，某些更加古老的鱼类，其亲缘关系虽尚未得以确定，也一定属于硬骨鱼类。如阿加西的观点，假定该全群确实出现在白垩纪地质层的开端，那么这个事实将是非常值得关注的。但我觉得这并不能给我的理论带来难以克服的困难，除非它能够同样证明这个群的物种在同一时期在全世界都突然出现。赤道以南几乎没有发现任何鱼类化石，这一点似乎不必多说，而且浏览一下皮克泰的《古生物学》就可以发现，欧洲有几个地质层几乎没有发现物种。现在，某些不多见的鱼科在分布范围上是有局限的，硬骨鱼类之前也可能有相似的局限的分布范围，而且是因为在某些海域大量繁殖之后才得以广泛散布开来。我们也没有事实依据推测，世界上的海洋一直如现在这般从南向北完全敞开。甚至就在当今，如果马来群岛被变成陆地，印度洋的热带区域将会形成巨大且完全封闭的盆地，任何大群的海洋动物都可能在那里繁殖，而且在一些物种适应了较凉爽的气候并且能够成功绕过非洲或南部的海角并由此抵达更加遥远的其他海域之前，这些物种将会被局限在那片海域。

根据这些以及其他相似的考量，不过主要是因为我们对于欧洲和美洲以外区域的地质学还所知甚少，同时也根据近十年来地质学新发现带来的古生物学理论的革命，我认为对全世界有机生命的演替下定论，就好像一位博物学家在澳洲某个不毛之地待了五分钟后即讨论该地物种的数量和分布一样，似乎是过于轻率了。

关于近缘物种群在已知化石岩层最底部的突然出现

还有一个更加需要引起重视的相关难题。我指的是同一群的大量物种突然出现在已知化石岩层最底部的方式。大多数的论述已经让我相信，所有现存物种都来自同一祖先，这些论述也几乎同样适用于最早的已知物种。例如，我不能怀疑的是，所有志留纪的三叶虫都是某一种甲壳动物的后代，而甲壳动物一定在志留纪之前已经存在了很久，而且和其他已知动物之间也存在着巨大差异。一些志留纪最古老的动物，比如鹦鹉螺、舌形贝等等，与现存物种并没有很大差异，而且根据我的理论，也不能假定这些古老的物种就是同群所有物种的祖先，因为在它们之间并没有呈现出任何程度上的中间特征。但是，如果它们真是这些群的祖先，几乎可以确定的是，它们也一定在很早以前就被无数变异的后代所取代并根除了。

因此，如果我的理论是正确的，那么无可争辩的是，在志留纪最底部岩层沉积之前，经过了漫长的时间，可能与志留纪到今天一样漫长，甚至还要长得多，而且在这漫长且未知的时期内，整个世界都被生物占据着。

至于我们为什么找不到关于这些漫长原始时期的任何记录这一问题，我也无法给出令人满意的答案。一些以R.默奇森爵士为代表的最著名的地质学家相信，我们在志留纪最底部岩层看到的有机物遗骸，就是这个星球上生命的曙光。还有一些权威，比如莱尔爵士和已故的E.福布斯，驳斥了这个结论。我们不应该忘记的是，对于这个世界，我们能够准确了解的仅仅是一小部分。M.巴兰德最近为志留系又增添了一个更低的地层，富含一些新奇的物种。在巴兰德所谓的原始区域下面的朗缅层上已经探测到了生命的痕迹。在一些最低层的无生岩中存在的磷酸结核和沥青物质可能昭示了这些阶段的先期生命存在。根据我的理论，在志留纪之前，富含化石的岩层就已经在某些地区形成，但是，为什么无法发现多层的化石岩层，这个问题难以索解。如果这些最古老的岩床由于剥蚀作用而全部消失，或者因为变质作用而被完全消灭，那么我们在之后世代的相邻地质层中至少应该发现微小的残余物，而且这些残余物通常是变质的。但是，我们现在掌握的关于俄罗斯和北美洲巨大区域中志留纪沉积物的描述并不支持以下观点,即地质层越古老就越可能经历过极度的剥蚀作用和变质作用。

目前这种情况一定无法解释,而且还可能被用作驳斥本书论点的有效论据。为表明这种情况今后将得到某些解释,我将提出以下假说。基于在欧洲和美洲的几个地质层中发现的、似乎没有在深海栖居过的有机体遗骸的性质,以及构成这些地质层的、厚度达几英里的沉积物总量,我们可以推断,有沉积物分布的所有大面积的岛屿和陆地都形成在欧洲和北美洲现存的陆地附近。但是我们不知道在连续的地质层之间的若干间隔期内其状态如何:在这些间隔期内欧洲和美洲究竟是干燥的陆地,还是没有沉积物分布的近岸海底表面,还是广阔的、深不可测的海床?

海洋的面积是陆地的三倍,如果留意一下现存的海洋,我们可以发现其岛屿遍布,但是目前甚至没有发现任何一个岛屿存在任何古生代或中生代的残迹。因此,我们也许可以推测,在古生代和中生代期间,在现今海洋的范围内,没有存在过大陆或大陆性岛屿,因为如果真的存在过,古生代和中生代地质层非常有可能累积大量由地质层磨损而形成的沉积物，而且至少也会出现由于在相当长的时期内水平面的波动而引起的部分地面隆起的现象。如果我们可以从这些事实中推导出任何结论，那么我们就可以推断，海洋自从我们有记录的远古时代开始就一直存在于现今的位置。另一方面，我们也可以推断，现今大陆所处的位置，从志留纪最早期开始，大面积的陆地就已经存在了，并且曾经历过水平面的强烈波动。借助于我讨论珊瑚礁的著作中的彩色地图，我可以得出结论，广阔的海洋依然是沉陷的主要区域，面积巨大的群岛依然是水平面波动的区域，大陆依然是上升的区域。但是，我们有理由假设万物自世界的肇始就是如此吗？我们的大陆似乎是在多次水平面波动期间，因为上升力量之作用而形成的，但是在漫长的时间跨度内，这些优势运动所影响的区域就没有发生过改变吗？在志留纪之前某个遥不可测的时期，大陆可能存在于今日海洋范围之内，而清澈广阔的海洋也许就存在于现今大陆耸立之处。例如，我们也同样没有理由推断，如果太平洋曾经的海床现在变成了大陆，我们就应该在那里找到早于志留纪层的、据我们猜测早已完成了堆积的地质层，由于沉陷而距离地心更近了几英里的地层，在地层上面海水的强大压力下，非常有可能已经经历了比那些更接近地表的地层更为严重的变质作用。在世界上的一些区域内，比如南美洲，大面积的裸露变质岩石，一定曾在巨大压力下承受过加热作用，这一点我一直认为需要给予特别的解释，而且我们可能可以相信，在这些广袤的区域内，我们见到的许多远远早于志留纪的地质层曾经历过彻底的变质作用。

上面我们已经讨论了几个难点：在许多现今存在和曾经存在过的物种之间，我们并没有在连续的地质层中找到无限多的过渡环节；在欧洲地质层中若干物种全群突然出现的情形；到目前为止志留纪层下面富含化石的地质层的几乎完全缺失，这些无疑都是性质最为严重的难题。通过下述事实，我们能最清楚地看到这一点，即最著名的古生物学家，如居维叶、欧文、阿加西、巴兰德、法尔考纳、E.福布斯等，以及莱尔、默奇森、赛奇威克等我们时代最伟大的地质学家，都一致地，且经常是坚决地认为，物种具有不变性。但是，我有理由相信，一位伟大的权威，查尔斯·莱尔爵士，经过进一步反思，现在对这个问题持有严重的质疑。我能感受到，挑战这些伟大权威的观点是多么鲁莽，因为我们所有的知识都是拜他们所赐。那些认为自然地质学记录完美无缺的人，那些不重视本书提出的各种事实和论据的人，毫无疑问都会立即排斥我的理论。而我，将遵循莱尔的隐喻，将自然地质记录视为保存得并不完全的、以不断变化的语言写就的世界历史，而我们对于这部历史，拥有的仅仅是其最后一卷，仅仅和两三个地区有关系。而这一卷，我们也仅仅是在这里或在那里保存着短短的一个章节，而且在每一页上，只有寥寥的几行。用以书写这部历史的语言一直在缓慢地变化着，每个词在这些断章中都会或多或少地存在些不同，但是这些词，可能代表着生命形式发生过的明显而且突然的变化，这些生命形式就埋藏在连续却分布广泛的地质层中。如果我们这样想，那么上面讨论的诸难点的难度就会大大降低，甚至会完全消失。

论生物的地质学演替

现在让我们看一看,关于有机存在的演替在地质学意义上的几个事实与法则,究竟是契合物种不变的普通观点,还是与物种会通过遗传和自然选择进行缓慢且渐进修正的观点契合得更好。

新的物种在陆地和海洋中一个接一个地缓慢出现。莱尔已经阐明,就第三纪的若干阶段而言,有我们几乎难以抗拒的证据,而且每一年都会出现新的物种以填补各阶段之间的空白并使得灭绝的和新生的生命形式之间的比例体系呈现出更加渐进的状态。在一些最近代的岩床中(虽然如果按年代来测算,这些岩床毫无疑问依然属于极古的时代),只有一两个物种属于灭绝的生命形式,而且也只有一两种属于新的生命形式，无论是在特定的区域还是在整个地球表面，根据我们目前所了解到的，它们都是第一次出现。如果我们可以相信菲利普在西西里所做的一系列观察，那么栖息在这个岛屿的海洋动物的连续变化数量繁多而且最具有渐进性。中生代地质层的断裂现象更加突出，不过，按布隆所言，埋藏在每个独立地质层中的许多已经灭绝的物种，其出现和消失都不是同时发生的。

不同纲和不同属的物种没有以同样的速度发生变化，或者说变化的程度也不相同。在第三纪最古老的岩床中，少数现存的贝壳类生物还是可以在大量已灭绝的生命类型中被发现。法尔考纳对同样的事实给出了一个令人瞩目的例子，在喜马拉雅山的沉积物中发现，一种现生的鳄鱼与很多奇特的且已经灭绝了的哺乳动物和爬行动物在一起。志留纪的舌形贝与本属的现存种之间存在差异，但差异很小，基本可以忽略不计，但是大多数其他志留纪软体动物和所有的甲壳类都已经发生了巨大的改变。陆栖生物似乎比海栖生物的变化速度更快，其中在瑞士观察到的例子最为引人注目。有一些理由让我们相信，相对高级的动物比低级动物的变化速度更快，虽然这个规则存在一些例外。按照皮克泰的论述，有机体变化的量与各个地质层之间的演替并没有严格的呼应关系，这样，在每两个连续的地质层之间，生命形式很少发生程度完全相同的变化。但是，除了最紧密相关的地层之外，如果我们比较一下任何地层，就会发现所有的物种都曾经历过一些变化。如果一个物种在地球的表面上消失，我们就有理由相信完全相同的生命形式绝不会再次出现。后一个规则的一个表面看起来的例外就是M.巴兰德所谓的"入侵集群"，它们"入侵"某一更加古老的地质层一段时间之后，之前存在的动物群会再次出现。但是对我而言，莱尔的解释似乎更加令人满意，即是说，这只是从一个遥远的地理区域暂时移入的例子。

这几个事实与我的理论高度契合。我相信没有任何一种固定的发展规律，能够引起一个区域内所有栖息者发生突然性的、同时性的或是相同程度的改变。变异的过程一定是极度缓慢的。每一个物种的变异性都与其他所有物种的变异性没有关系。这种变异性是否在自然选择中取得优势，这种变异累积量的大小是否引起了不同物种变异量的相应变化，都取决于许多复杂的偶然因素——取决于变异的有利特质，取决于交配的能力，取决于繁殖的速度，取决于该地区物理条件的缓慢变化，尤其取决于与变化中的物种形成竞争关系的其他栖息者的特征。因此，如果一个物种比其他物种更加长久地保持同一种形态，或者说，即便发生了改变，改变的程度也相对较小，这一点都不足为奇。我们在物种的地理分布方面发现了同样的事实，例如，马德拉的陆栖贝类和鞘翅类与欧洲大陆上的所有最亲族类之间都存在着相当大的差异，而海栖贝类和鸟类依然没有发生任何改变。我们可能可以理解为，相较于海栖和低等生物，陆栖生物和高等生物变化的速度更快，这是因为，如前面的章节所言，高级生物与其有机和无机的生存条件之间的关系更加复杂。根据竞争法则以及有机体之间极度重要的生存竞争关系，我们可以这样理解，如果某一区域的许多物种都已经经历了修正和改良，那么任何一个没有经历一定程度修正与改良的生命形式就容易被消灭。这样我们就可以明白，如果所关注的时间跨度足够长，为什么同一地区的所有物种最终都会发生变异，因为那些没有发生变化的物种已经不存在了。

同纲的各个成员在漫长而相等的时期内，变化的平均总量也许大致相同,但是因为存续久远的富含化石的地质层的累积完全依赖沉陷期内分布在该地区的大量沉积物的堆积,所以我们的地质层几乎全部累积于长期而且不规则的时间间隔期,结果是,通过埋藏在连续地质层中的化石来展现的有机体变化的总量是不均衡的。根据这个看法,每一个地质层标记的都不是全新的、完整的生命创造行为,而仅仅是在缓慢变化着的这出大戏中的某一个被突然记录下来的偶然场景而已。

我们可以清楚地知道,即使存在着完全相同的、有机或无机的生存条件,为什么一个物种一旦消失就再也不会重新出现。其原因就在于,即使一个物种的后代为了在自然体系中占据另一个物种的位置可能会自我调适(而且毫无疑问这种情形已经在无数事例中发生过),并进而将另一个物种排挤掉,但是新的和旧的这两种生命形式将不会完全相同,因为二者几乎都毫无疑问地从其遥远的亲代那里继承了不同的特质。例如,如果扇尾鸽灭绝了,养鸽人有可能通过长时间不懈的努力,培育出几乎与现存扇尾鸽难以区分的新品种;但是,如果亲代岩鸽也遭到了灭绝,而且在自然中我们有足够的理由相信这些亲代已经被其改良了的后代排挤并消灭了，那么，与现存品种相同的扇尾鸽可以从其他任何鸽种培育出来，或甚至从任何其他十分稳定的家鸽族群中培育出来，是令人难以置信的，因为几乎可以肯定的是，新形成的扇尾鸽会从其新的亲代那里遗传一些稍微不同的特质。

在出现和消失的问题上，物种的群，也就是说，属和科，与单一物种遵循着相同的普遍规律，无论这些变化是快还是慢，程度是高还是低。一个群一旦消失后就不会再次出现，或者说，只要它一直存在，那么它必定是连续的。我已经意识到了这个规律的一些明显的例外，但是这些例外非常罕见，以至于E.福布斯、皮克泰和伍德沃德都承认其正确性（虽然他们全都强烈反对我所坚持的这种观点），而且这个规律和我的理论是高度一致的。因为同群的所有物种都是某一物种的后代，所以有一点是非常清楚的，只要这个群的任何物种在漫长而且连续的时间内出现，其成员必须连续地存在足够长的时间，才能够或者繁殖出全新的和改良的生命形式，或者繁殖出未经任何改良的旧的生命形式。比如，舌形贝属里的种，一定在从志留纪地层的最底部一直到今天的漫长岁月中从未间断地,一代一代一直存在着。

在上一章我们已经看到,物种的全群有时会呈现出物种突然出现的假象,而且我已经对这一事实做出了尝试性的解释,此事如果确实的话,对我的观点将是致命的打击。但是,这种例子当然是例外。按照一般的规律,物种的群在数目上会缓慢上升,达到峰值后,迟早会逐步下降。如果一个属里面的物种数目,或者一个科里面的属的数目,用粗细不同的竖线来代表,使其与发现物种的连续地质层相交,那么这条线有时会给人在底部突然开始的假象,而不是一个尖锐的点;随后这条线会缓慢加粗,有时相同的粗度会持续,但最终会在顶端岩床变细,表明物种数量的下降直至彻底灭绝。同一群中物种数目的逐渐上升这一现象与我的理论严密契合。因为同属的物种,以及同科的属,只能缓慢且逐渐地上升,而且变异的过程以及大量近似生命形式的繁殖一定是缓慢且渐进的——一个物种产生一个或两个或三个变体,这些变体缓慢地转化为物种,再依次同样缓慢地变为其他物种,一直如此进行下去,直至整个群变得越来越大,就像一棵大树的每一个树枝都来自同一个树干一样。

关于灭绝

之前我们只是附带性地论及了物种和物种群的消失问题。根据自然选择的理论,旧生命形式的灭绝与新的、已经过改良的生命形式的繁衍是密切相连的。旧的学说认为,地球上所有的栖居者已经被连续几个阶段的大灾难彻底毁灭,这种观点已经普遍遭到了摒弃,甚至那些其普遍观点会很自然地引导他们得出上述结论的地质学家也不再赞同这种学说,这些地质学家包括艾力·德·博蒙、默奇森、巴兰德等。而另一方面,根据对第三纪地质层的研究,我们有理由相信,物种及物种群是逐渐消失的,一个接着另一个,从一个地区,然后从另一个地区,最终从整个世界渐次消失。单一物种和物种全群的持续期间长度并不相同,就像我们了解到的,有的物种群从地球上出现生命的第一缕曙光开始一直延续到现在,而有些则在古生代结束之前就已经灭绝了。任何单一物种或任何一个单一的属,持续时间的长度似乎没有固定的法则。有一点可以相信,一个物种群的完全消失过程通常比其产生的过程更加缓慢:如果我们依旧使用之前提到的粗细不同的竖线来表示它们的消失和产生,就可以发现,这条线表示消失过程的上端,相较于表示物种初现及数量上涨的末端,会逐渐变细。然而,在一些情况下,生物全群的消失会突然发生,比如中生代几近尾声时的菊石物种。

  物种灭绝的整个研究主题已经陷入了最让人难以理解的神秘状态。有些作者甚至假定,既然每个个体的寿命都有一定限度,那么物种的存在也应该有一定的期限。没有人能像我一样曾被物种的灭绝问题震惊。我在拉普拉塔曾发现一颗马的牙齿和乳齿象、大獭兽、箭齿兽以及其他已经灭绝的怪兽遗骸埋在一起,这些怪兽曾在最近的地质时期与至今仍然存在的贝壳类同在,这个发现让我十分惊奇,因为我知道,马自从被西班牙人引进到南美洲之后,很快遍及全洲并且以惊人的速度繁殖,我问自己,究竟是什么原因让之前的马在如此有利的生存条件下在较近的时代灭绝了呢?但是我的这种惊奇是完全没有根据的。欧文教授不久以后就发现,这颗牙齿虽然与现存的马的牙齿类似,却属于一个已灭绝的物种。如果这匹马至今依然存在,但某种程度上比较罕见,博物学家们都不会对这种罕见感到惊奇,因为罕见是所有地区、所有纲的大多数物种所呈现的属性。如果我们自问,为什么这种或那种物种罕见,我们会回答其生存条件中有不利因素,但是究竟不利因素是什么,我们无法回答。假定这匹已经成为化石的马今作为一个稀有的物种存在,根据将其与其他所有哺乳动物的类比——甚至包括繁殖率很低的象,根据家养的马在南美洲被归化的历史,我们也许可以确定,如果生存条件更加有利,它们可能会在非常短的几年内就遍布整个大陆。但是我们却无法找出抑制其快速繁殖的不利条件究竟是什么——也许是一个或几个偶然因素,无法找出这种不利条件影响了马的哪一个生长阶段,程度如何。如果不利条件一直持续,且不利程度不断增强,那么无论速度多么缓慢,我们确实难以觉察,这种化石马的数量可能会越来越稀少,直至最后灭绝,因为它的位置被某种更加成功的竞争者取代了。

我们总是很难想起,每一个现存生命形式数量的增长一直会受到有害力量的制约,这些力量通常很难察觉,而这些难以察觉的力量足以导致某个物种变得稀少,直至灭绝。在距现在更近的第三纪地质层,我们看到,在很多种情况下,稀少是灭绝的序曲，而且我们也知道，在某个地区或者全球范围内的动物灭绝过程中，也存在人为的因素。我想再重复一遍我在1845年发表的那篇文章中的观点，具体来说，就是承认物种通常首先在数量上变得稀少，而后是灭绝，但我们对稀少不感到吃惊，却对灭绝惊诧不已，这其实就和承认人先生病而后死亡是一个道理，我们对其生病并不感到吃惊，但是，当这个生病的人死去了，我们却怀疑他是死于某种不明的突发事件。

自然选择的理论是基于对以下事实的确信：每一个新的变种，最终会变成一个新的物种，它的产生和存续是因为自身相比其竞争者具有某种优势，而且较为弱势的生命形式的最终灭绝几乎是不可避免的。这与我们的家养生物情况相同：当一个新的、稍加改良的变种被培育出来，它首先会排挤掉附近改进较小的变种，等到这种新改良的变种获得更多的改进时就会被运往各地，例如我们的短角牛，并取代其他落后的品种。这样，新生命形式的出现和旧生命形式的消失，无论这种改变是由于自然还是人为，就连在一起了。在某些繁盛的类群里，某些特定的新生命形式在特定时间内的数量可能会超过旧生命形式的消失数量,但是我们知道,物种的数量不会无限上升,至少在更近一些的地质时期是如此,所以留意一下晚近的时代,我们可能会认为,新生命形式的出现引起了几乎相同数量的旧生命形式的灭绝。

正如我们之前解释过并用实例证明过的,各方面都最为相似的生命形式之间的竞争通常最为激烈。因此,一个物种经过改良并发生变异的后代通常会导致亲代物种的消失,而且,如果很多新的生命形式从任何一个物种发展而来,那么这个物种的最近亲缘,即同属的物种,则最容易被消灭掉。因此,如我所信,大量从同一物种繁衍而来的新物种,即新的属,终将逐渐取代属于同一科的旧属。但是,常常出现这样的情形,同群的一个新物种取代了其他相距较远的群的物种所占据的位置,进而导致了后者的灭绝;而且如果那个成功的入侵者又繁衍出许多近缘的生命形式,很多原有的生命形式将不得不让出它们的位置。被消灭的通常是近缘生命形式,因为它们都遗传了某种共同的劣性。但是,让位于其他经过变异和改进的物种的这些物种,无论是属于同纲还是异纲,总有可能会被保存下来并存续很长一段时间,这是因为它们适应某种特别的生活方式,或者因为它们栖居在某个遥远且孤立的地方而躲过了激烈的竞争。例如,三角蛤属是中生代地质层的一个贝类的大属,就在澳洲海域得以存活,还有硬鳞鱼类这个几乎灭绝了的大属中的少数成员,至今还栖息在我们的淡水水域。因此,正如我们所看到的,一个物种群的完全灭绝过程要比其产生过程缓慢得多。

至于全科或全目的明显的突然灭绝,如古生代末期的三叶虫和中生代末期的菊石,我们必须记住前面讨论过的问题:关于连续地质层之间可能存在比较大的时间间隔,以及在这些间隔期间可能存在着非常缓慢的物种灭绝现象。而且,一旦有突然性的新物种侵入或者异常快速的发展,某一新群的多个物种占据了一个新的区域,它们都会以相应快速的方式排挤原有的栖居物种;被排挤的物种通常是那些近缘的生命形式,因为它们都继承了某些劣性。

这样,在我看来,单一物种和物种全群灭绝的方式非常符合自然选择的理论。我们无须对灭绝感到惊异,如果一定要惊异,那就对我们作为推论证据的这些所谓事实表示惊异吧:我们曾想象过自己已经理解了每一个物种存在所依赖的诸多复杂的偶然因素。如果我们对下面任何一条稍有遗忘，自然界的整个体系就会被彻底遮蔽：每个物种都存在过度增加的情况；抑制作用一直存在，但我们很少能够察觉到。只有当我们能够解释清楚一个物种比另一个物种数量更多的原因，解释清楚一个物种而不是另一个物种可以在某一特定地区适应生长的原因，我才可以对我们为什么无法对特定物种或物种群的灭绝给予说明而感到吃惊。

关于全世界的生命形式几乎同时发生变化

全世界的生命形式几乎同时发生变化，没有任何古生物学的发现比这一事实更加引人注目了。例如，我们欧洲白垩纪地质层可以在完全不同的气候环境下的世界上任何遥远的地方被发现，但是在北美洲，在赤道地带的南美洲，在火地岛，在好望角，以及在印度半岛等地却找不到任何一片白垩纪矿物的碎片。这样说是因为，在这些遥远的地方，特定岩床中的有机物遗骸都呈现出与白垩纪地层中的生物遗骸明显的相似性，但它们却不属于同一个物种，而且，在一些情形下，没有任何物种是完全相同的，但它们却属于同科、同属、同一个亚属，而且有时仅仅是在某些诸如表面的刻蚀等细微的点上呈现出相似之处。同时，那些在欧洲的白垩纪地层中尚未被发现但是却出现在地质层的上部或下部的其他生命形式，在世界上这些遥远的地方同样是缺席的。在俄罗斯、西欧、北美洲的若干连续的古生代地质层中，相似的生命形式已经被几位研究者发现，根据莱尔的观点，关于欧洲和北美洲的第三纪沉积物也有同样的情况。即使完全不考虑新、旧世界中常见的少数业已成为化石的物种，连续生命形式在古生代和第三纪的漫长时期内普遍呈现的平行现象还是非常显著的，而且若干地质层也能够很容易地被关联起来。

但是，这些发现与栖居在世界其他遥远地方的海洋生物是相关的：我们尚未有足够的数据来判断陆地生物和处于遥远区域的淡水生物是否以同样的平行方式发生着变化。我们可以质疑它们是否曾经如此变化过：如果大獭兽、磨齿兽、后弓兽和箭齿兽都曾被从拉普拉塔带到欧洲，如果没有任何关于它们地质位置的信息，那么将不会有人推想它们曾与现在依然存在的海栖贝类共同存在过；但是，由于这些异常的怪兽曾与柱牙象和马在同一时期存在过，所以也许至少可以推断，它们在第三纪后期的某个阶段曾经在世界上存在过。

当我们谈及海栖生命形式曾经在全世界范围内同时发生变化时，我们无法假定这个"同时"到底是指在同一千年内还是同十万年内，甚至都无法假定其具有严格的地质学意义；因为如果所有欧洲现存的海洋动物和曾经生存在欧洲的更新世时期（如果按年代计算，这是一个非常遥远的时期，包括整个冰河时期）海洋动物放在一起，与那些现在生活在南美洲和澳洲的海洋动物做比较，即使是最老练的博物学家也不能指出究竟是现存的还是更新世的海洋动物与栖居在南半球的同类相似度更高。所以，还有几位能力非常出色的观察者相信，目前存在于美国的这类生物比现存于欧洲的同类与那些第三纪后期的生物更加接近，而且如果情况真的如此，那么，现存于北美洲海岸的化石岩床就显然应当与欧洲较为古老的岩床归为一类。但是，如果展望遥远将来的时代，我想，就没有理由怀疑，所有更加现代的海洋地质层，具体来说，欧洲、南北美洲和澳洲的上新世的上层、更新世层以及严格意义上的现代层，由于包含某种意义上具有亲缘关系的化石遗骸，同时也由于它们不包含只见于更加古老的下层堆积物中的那些生命形式，应该可以被准确地列为地质学意义上的同时代的海洋地层。

生命形式在彼此隔绝的世界各地，在如上所述的广泛意义上同时发生变化这一事实，已经引起了MM.德·韦纳伊和达尔夏克等杰出观察家的高度关注。在谈及欧洲各地古生代生物类型的平行现象之后，他们又补充道，"如果对这种奇怪的序列感兴趣，我们就应该把注意力转向北美洲，并且在那里发现一系列类似的现象，那么可以肯定的是，所有物种的这类变异、它们的灭绝以及新物种的出现，都不能仅仅归因于海洋洋流的变化或者其他或多或少具有局部性和暂时性的原因，而是应该依据支配着整个动物王国的自然法则"。M.巴兰德对此也曾做出极具说服力的评论。把洋流、气候或其他物理条件的变化看成全世界不同气候条件下诸种生命形式巨大变异的原因的确是过于轻率了。如巴兰德所言，我们必须探究某种特别的法则。当我们认真对待当下生物的分布情况、不同国家之间物理条件的巨大差别以及栖息动物的本性，并发现它们之间的关联是多么薄弱时，我们将更加清楚地认识到这一点。

自然选择理论可以清楚地解释全世界生命形式平行演替这一重大事实。新的物种由比原有生命形式更具优势的新变体形成，而这些新的生命形式，或是已经于所在地区占据了主导地位，或是比同地区其他生命形式具有某种优势，会极其自然地产生新的变体或初期物种，这些新的变体或初期物种必须更加高级才能够得以存活。关于这个问题，我们有明确的证据：占优势的植物，即在当地最为常见且分布最为广泛的植物，产生出的新变体数量最为巨大。很自然，那些占优势的、变异中的、分布广泛并且已经在一定程度上侵入了其他物种领地的物种，应该是那些有最佳机会进一步扩张并在新的地区产生新变种和新物种的生命形式。因为受气候及地理变化或其他意外事件的影响，扩张的过程通常会非常缓慢，但是从长远看，这种占优势的生命形式将会成功扩张。在扩张速度上，相互分离的大陆上栖居的生物要比相互连接的海洋中的生物更慢。因此我们可以期望发现，而且我们也真正发现了，陆栖生物繁殖的平行演替没有海栖生物严格。

从任一地区扩散来的占优势的物种可能会遇到更具优势的物种,那时它们的胜利进程,或者说甚至它们的存在,都将会终止。我们完全不能确切知道,最适合新的和占优势物种的最理想繁殖条件是什么;但是我想,我们能够清晰地理解,通过给予很多个体最有利的变异机会,以及与很多已经存在的生命形式进行激烈的竞争,这种竞争和向新的地区扩张的能力一样,会起到十分重要的促进作用。如前文所释,较长时间间隔中出现的一定程度的物理隔绝可能也非常有利。这个世界有四分之一的地方是陆栖的、占有优势的物种的最佳繁殖地域,而其他地区则对在海域中产生新的、具有优势的物种最为有利。如果两个巨大的区域长时间生存环境同等理想,那么无论栖居者何时相遇,都会出现历时长久的激烈斗争,而且胜利者的出生地可能来自两个区域中的任何一个。但是在时间的长河中,最为高级的生命形式,无论在何处繁殖,都有向每个地方扩张的趋势。它们的扩张会导致其他低等生命形式的灭绝,而且由于这些低等生命形式因遗传关系而在类群上相关,所以全群都有慢慢消失的倾向;

当然会时有物种群中某个单个成员逃生的现象存在。

因此,我感觉,世界上同一种生命形式的平行演替(广义上也是同时演替),与以下原理是吻合的,即新物种是由广为分布的、占优势的、变异中的新生命形式构成的;这样,产生的新物种本身由于其遗传而占据优势,而且与其亲代及其他物种相比已经具有了某种优势,而这种优势又推动其扩张、变异并产生更新的物种。在竞争中失败并让位于新的胜利者的生命形式由于都遗传了某种劣性,通常都是近缘的群;因此,当新的、改良了的群分布于全世界时,旧的群就会从世界上消失;这两种形式的演替在任何地方都趋于一致。

关于这个主题还有另外一种说法值得注意。我相信,所有富含化石的巨大地质层都是在沉降期沉积下来的;而且在海床保持静止不动或是隆起的各期间以及在沉积物沉积的速度不足以埋葬或保存生物遗骸的各个时期内存在着非常长的空白间隔期,对此,我已经给出了足够的理由。我假定,在这些漫长的空白间隔期内,栖居在每一个地区的生物都经历了相当数量的变异和灭绝,而且从世界的其他地区也有大量生物迁入。因为我们有理由相信,广阔的陆地表面都受到了同一运动的影响，可能严格意义上同时代的地质层通常是在世界同一地区的广袤空间内累积起来的，但是我们还没有足够的证据来判断这种情形一直一成不变，也没有足够的证据证明这些广袤的区域受同一种运动的影响。当两个地质层在近似时期（但不是绝对相同的时期）分别在两个地区沉积而成，根据前文解释的原因，我们应该在两个地区发现基本相同的生命形式的演替；但是物种未必是完全一致的，大概因为在一个地区物种的变异、灭绝和迁徙需要的时间会比另一个地区要长。

我猜想欧洲发生过这种情况。普雷斯特维奇先生在他关于英法两国始新世沉积物的令人敬佩的学术论文中，在两国的诸连续层之间发现相近的一般平行现象，但是当他将英国的某些阶段的地层与法国的加以比较时，虽然他发现两个国家同属物种的数目奇特地一致，由于两个地区相离非常近，物种本身的差异却难以解释，除非假定两片海域之间存在一个海峡，隔开两个区域内栖息于同一个时代却存在巨大差异的动物群。莱尔在某些第三纪后期的地质层也做过相似的观察。巴兰德也表明，在波西米亚和斯堪的纳维亚的志留纪连续沉积物中也存在着惊人的一般平行现象；尽管如此，他还是发现了物种在数量上存在着惊人的差异。如果这些地区的几个地质层不是在完全相同的时期内沉积而成——一个地区的地质层通常相当于另一个地区的空白间隔期——而且如果两个地区的物种在几个地质层的累积期以及其间漫长的空白期内一直发生着缓慢的变化；那么，两个地区的这些地质层按照生物类型的一般演替，可以按相同的顺序排列，而这种排列顺序可能会呈现出一种严格平行的假象；但是两个地区明显对应的层位中发现的物种化石却不会完全相同。

关于灭绝物种彼此间的亲缘关系及其与其他生命形式的亲缘关系

我们现在来检视一下已灭绝物种与现存物种之间的亲缘关系。它们都属于一个宏大的自然体系，而且这一事实可以根据遗传法则立即得到解释。根据一种普遍的原则，任何一种生命形式越古老，与现存的生命形式就越不相同。但是，正如巴兰德很久以前阐明的那样，所有的化石都可以被归类于现存的物种群或者这些群之间。已灭绝的生命形式有助于填充现存的属、科和目之间广泛的间隔，这一点是毋庸置疑的，因为，如果我们把注意力仅集中在现存的或是已灭绝的物种，都远不如将二者结合为一个大的系统更为完善。关于脊椎动物的问题，伟大的古生物学家欧文教授在著述中给出了令人瞩目的阐释，他一直在证明已灭绝的动物如何存在于现存的类群之间。居维叶将反刍类和厚皮类列为哺乳动物中差别最大的两个目，但是欧文已经发现了很多化石环节，因此他不得不改变对这两个目的全部分类，将某些厚皮类和反刍类归入一个相同的亚目，例如，他根据猪和骆驼之间细微的过渡类型，消除了两个物种之间看似巨大的差异。关于无脊椎动物，巴兰德，还有一位不方便在此提及名字的更权威的研究者，提出他每天都获得这样的教益，即虽然古生物与现存生物属于同样的目、科或者属，但是在古老的时代，它们却并不像现在一样被区分得如此清楚。

一些作者反对将任何已灭绝的物种或物种群看成现存物种或物种群之间的中间类型。如果这个术语的含义是一个已灭绝的生命形式的一切特征都直接介于两个现存生命形式之间,那这种反对可能就是有效的。但是,我认为在纯自然的分类中,许多物种的化石还是会处于现存物种中间,而且有些已经灭绝的属会存在于现存的属中间,甚至存在于完全不同科的属中间。最常见的例子(尤其是差异巨大的群,比如鱼类和爬行类),似乎假定它们现今是由十几个性状的区分标准来区分彼此的,而同两个类群的古代成员间,借以区别的性状会较少,以至于这样两个群,尽管之前极不相同,在当时多少更为相互接近。

人们普遍相信,越古老的生命形式,越倾向于通过其某些特征将现今区别很大的群连接起来。这种看法必定局限于那些在地质时代进程中曾经发生过巨大变化的群,而且其正确性也难以得到证实,因为甚至一种单一的现存生物,比如南美洲肺鱼,都被发现时常会与极不相同的类群具有亲缘关系。但是,如果我们将更古老的爬行类、两栖类、鱼类、头足类以及始新世的哺乳类与同纲的更加现代的成员加以比较,我们一定会承认这种意见是有一定道理的。

我们来看看这几个事实和推断与变异遗传理论

之间的契合度。因为这个问题有些复杂，我必须建议读者参考一下我的著作《物种起源》第四章"自然选择"中"论个体的杂交"部分的图解。我们可以假定，带有数字的字母代表属，那些分离出来的虚线代表每一个属中的物种。这个图解过于简单，列出的属和种都太少，不过这没有关系。横线可以用来代表连续的地质层，而且所有在最上面那条横线以下的一切生命形式都可以看作已经灭绝。三个现存的属，a^{14}、q^{14}、p^{14}将形成一个小科；b^{14}和f^{14}形成一个极其近似的科或一个亚科；o^{14}、i^{14}、m^{14}是第三个科。这三个科和从亲代A分离出来的几条线上的许多已经灭绝的属将组成一个目，因为它们都从其古代共同的祖先那里继承了某些相同的东西。根据这个图解在前面说明过的性状具有持续产生分异的原理，任何生命形式，离现代越近，一般与其古老祖先的区别就越大。因此，我们能够理解最古老的化石与现存生命形式差异最大这个大的规则。但是，我们一定不要以为，性状分异是必然发生的偶然事件；它仅仅取决于一个物种的后代能否因此在自然体系中获得多个不同位置。因此，正如我们在一些志留纪的生命形式中看到的情形，一个物种可

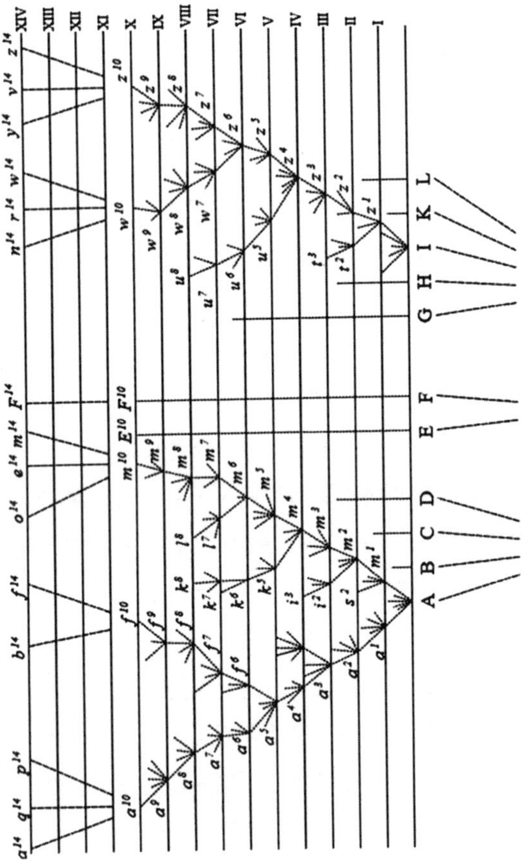
A B C D E F G H I K L
I II III IV V VI VII VIII IX X XI XII XIII XIV
a14 q14 p14 b14 f14 o14 e14 m14 F14 n14 r14 w14 y14 v14 z14
a10 f10 m10 E10 F10 w10 z10

能会因为其生活条件的轻微改变而不断发生细微变异，但是在较长的时期内仍然保持相同的一般特征。这种情形在图示中用字母F^{14}表示。

所有这些生命形式，无论是已经灭绝还是现存于世的，都是A的后代，正如我们之前谈到的，它们组成了一个目；而这个目，由于灭绝与性状变化的持续影响，已经被分割为若干个亚科和科，其中有些已经在不同的时期内灭绝，有些一直存续至今。

通过仔细研究图表，我们可以看出：如果假定这些被埋藏在连续地质层中的许多已灭绝生命形式，在（地质）段的下方的几个点被发现，那么最上面那条线上现生的三个科将被认定为差异性较小。例如，如果a^1、a^5、a^{10}、f^8、m^3、m^6、m^9等属已经被发掘出来，这三个科会非常紧密地连接在一起，以至于有可能会被连成一个大科，与反刍类和厚皮类曾发生的情况相似。但是有人反对把灭绝了的这些属视为连接三个科中各现生属的中间环节，这种观点或许是有道理的，因为这些灭绝属并非直接连接，而是通过许多极度不同的生命形式，经过漫长而且迂回的途径间接地完成了连接。如果在中间的水平线或者地质层上方许多已灭绝的生命形式得以被发现，比如，在No. VI线上方，但是在这条线下方却没有任何发现，那么左边的两个科（即a^{14}等和b^{14}等）将被合并为一个大科；而且其他两个科（具体来说，a^{14}到f^{14}，现在包括五个属，还有o^{14}到m^{14}）将继续保持不同。但是，这两个科彼此间的差异比其化石被发现之前要少。例如，如果我们假定这两个科中现生的属在十来种性状上彼此相区别，那么这个属在标记为VI的较早的段生存过的各个属，其性状的差别要小一些，因为在遗传的早期，它们与同一目的共同祖先在性状上还没有发生分异，其程度几乎与随后的分异程度持平。这样，古老的、已灭绝的属经常在性状上介于其变异了的后代之间，或其旁系亲族之间，但在程度上相对较轻。

在自然界中，这种情况要远比图解所展示的复杂；因为类群的数目将会更多，存续的时间长度差异也更加巨大，而且变异的程度也大不相同。由于我们所掌握的地质记录仅仅是最后一卷，而且还极度不完全，所以，除非是极个别情况，我们没有理由期望去填补自然体系中巨大的空白，去期望将不同的科或目连接起来。我们可以期待的只是，那些在我们已知的地质记录中经历了大量变异的类群，应该在更加古老的地质层中就曾稍微地接近彼此；这样更加古老的成员比同群的现生成员在一些性状上存在的差异略小一些；而且我们最优秀的古生物学家所提供的证据似乎常常可以证明这一点。

这样，根据变异遗传理论，关于已灭绝的生命形式彼此之间、与现存形式之间亲缘关系的主要事实对我来说似乎已经得到了圆满的解释，而且这些事实也完全无法用其他任何观点彻底地解释。

根据同一理论，很显然，地球历史上任何一个大的时期内的动物群在一般性状上都将介于该时期之前与之后的动物群之间。这样，生存于图解上第六大段的物种是生存于第五大段物种的变异后代，而且是第七大段变异程度更高的物种的祖先；因此，它们在性状上几乎一定能介于上下生命形式之间。但是，我们必须承认存在某些之前的生命形式全部灭绝的情况，也必须承认通过迁徙会到来全新的生命形式，还必须承认在连续地质层之间漫长的空白间隔期间变异数量巨大。承认了这些事实，每一个地质时期的动物群在性状上一定是介于之前和之后的动物群之间。这里我只要给出一个例子就可以证明这一点，具体而言，在泥盆系最初被发现时，该系化石的存在方式立即被古生物学家认定为在性状上介于上层的石炭系和下层的志留系之间，但是，由于连续地质层之间的时间间隔各不相同，每一个动物群并不一定会介于中间。

每一个时期的动物群，除特定的属以外，作为一个整体在性状上几乎介于前一个和后一个动物群之间，对于这个观点，虽存在一些反对意见，但不足以动摇其真实性。例如，当法尔考纳博士将乳齿象和象类分别按照其亲缘关系及存在时期排列在两个（岩系）段时，发现这种排列并不合理。具有极端性状的物种并不是最古老的，也不是最近代的；在性状上介于中间的物种不属于中间的时代。但是，在这个案例或其他类似的案例中，如果我们暂且假设关于物种首次出现和消失的记录是完善的，我们就没有理由相信连续产生的生命形式，其存续时间也必定相同：因为一个非常古老的生命形式偶尔也有可能比随后在其他地区出现的生命形式存续时间更为长久，对那些栖息在彼此分隔的地域中的陆栖动物而言，情况尤其如此。让我们来尝试一下以小见大：如果将家鸽现存的族与其已灭绝的族按照亲缘系列加以排列，就会发现这种排列与其产生的时间顺序并不一致,与其消失的顺序更加不同,因为作为亲代的岩鸽至今还存活于世,而岩鸽与信鸽之间的许多变种却已经灭绝了;而在喙长这个极端重要的性状方面,具有较长的喙的信鸽比处于另一个极端的短喙翻头鸽产生得更早。

与上述说法(来自中间地质层的生物遗骸在某种程度上具有中间的性状)密切相关的事实,亦即所有古生物学家都坚持的,两个连续地质层中发现的化石与在两个相隔遥远的地质层中发现的化石相比,前者彼此间的关系更加紧密。皮克泰给出的例子我们耳熟能详:在白垩纪地质层的几个不同阶段发现的生物遗骸大体上相似,虽然每个阶段的物种各有不同。仅仅是这一个事实,由于其普遍性,似乎已经动摇了皮克泰教授一直以来对物种不变的坚定信念。凡是熟悉地球上现存物种分布情况的人,都不会尝试运用古代这些地域的物理条件几乎没有发生改变这一说法去解释,为什么紧密相连的地质层中不同物种之间会存在这种密切相关性。我们需要记住的是,生命形式,至少是那些栖息在海洋中的生命形式,在全世界范围内几乎同时发生了变化,所以这些变化是在极端相异的气候条件和物理条件下发生的。细想一下，在包括整个冰河时期的更新世，气候发生了巨大的变化，但是栖息在海洋中的特殊生命形式却几乎没有受到影响。

根据遗传理论，在密切相连的地质层中发现的化石遗骸，虽然被定为不同的物种，其亲缘关系却十分密切，这一事实的意义是显而易见的。由于每个地质层的累积经常被打断，而且连续地质层之间存在着漫长的空白间隔期，如前文所述，我们不应该期待在任何一个或两个地质层中，发现所有物种从开始出现到灭绝这一漫长时期内出现的所有中间变种；但是在时间间隔之后，这种间隔如果以年为单位计算是相当漫长的，但若以地质年代来计算则并不那么漫长，我们应该发现亲缘关系密切的生命形式，或者用一些作者的话说，应该发现那些代表性物种；而且我们也确实已经发现了。总之，我们如愿找到了证据，证明特定生命形式经历了缓慢的、令人难以察觉的变异。

关于古代生命形式的发展状态

近代生命形式比古代生命形式更高级，对这个问题已经有很多讨论。这里我将不再进入这个主题，因为博物学家对高级和低级的生命形式究竟意味着什么尚未给出令彼此满意的界定。但是根据我的理论，在特定意义上，更晚近的生命形式一定比相对古老的生命形式更加高级，因为每一种新的物种都是通过在生存竞争中比其他同时期物种或之前的生命形式拥有某些优势而形成的。如果在几乎相似的气候条件下，让世界上某一地区的始新世生物与同地区或某个其他地区的现存生物相互竞争，始新世的动物群或植物群一定会被打败和消灭；这和中生代动物群会被始新世动物群击败，古生代动物群会被中生代动物群击败是一个道理。相比于那些古老的、被击败的生命形式，更加晚近的、取得胜利的生命形式组织显然受到了改良过程更加显著的影响，对这一点我毫不怀疑，但我却没有发现检测这种过程的方法。例如，甲壳类在其本纲中并非最为高级，但可能已经击败了最高级的软体类而得以生存。近年来，欧洲的生物以令人惊奇的方式在新西兰蔓延，并且占据了当地生物之前的领地，据此，我们可以相信，如果大不列颠的动植物被传送到新西兰，随着时间的推移，大量大不列颠的生命形式将在当地实现本土化，并将消灭许多当地的生命形式。换一个角度，基于我们目前在新西兰观察到的情况，以及南半球几乎没有一种生物能够以野生状态在欧洲任何地方存活下来，我们可以怀疑，如果将新西兰的所有生物都放置到大不列颠，能否有相当数量的生物成功占据一直被我们的本地动植物占据的领地。根据这个观点，大不列颠的生物可以说比新西兰的生物进化程度要高。但是，即便是最老练的博物学家，根据对两个国家物种的检测研究也没有预见到这个结果。

阿加西坚持认为，古代动物与同纲的近代动物的胚胎在某种程度上具有相似性；或者说，灭绝的生命形式在地球史上的演替与现存生命形式的胚胎发育从某种程度上看是平行的。不过这个说法的正确性尚有待于进一步证实。在这一点上我必须同意皮克泰和赫胥黎的观点。但是，我也特别希望能够在这里对这个问题进行一下确认，至少对于相对晚近的时期内分支出来的那些亚群而言。在下一章中，我将尝试说明成体与胚胎的差异是因为变异并不发生于生命的早期，而是由于遗传因素发生于特定年龄。这个变异的过程，在胚胎几乎不发生任何改变的同时，却在连续几个世代中，持续在成体上添加越来越多的差异因素。

这样，胚胎就变成了由自然保存下来的一种图画，描绘着每一种动物古老且没有发生过改变的状态。这种观点可能是正确的，但也可能永远都无法找到足够的证据去证实。比如说，已知最古老的哺乳类、爬行类和鱼类都严格地属于其本纲，虽然这些古老生命形式与现代同群的典型成员相比，彼此间的差异程度会相对较小，但是，在寒武纪地层的最下部岩床被发现之前，想要寻找具有脊椎动物共同胚胎特征的动物是徒劳无功的，而且发现那种岩床的概率微乎其微。

关于第三纪后期同地区内同类型的演替

克里夫特先生多年前证明，澳洲岩洞中发现的哺乳动物化石与该大陆上现存的有袋类具有密切的亲缘关系。在南美洲拉普拉塔几个地方发现的类似犰狳甲片的巨大甲片中，相似的亲缘关系即使在外行看来都非常明显；欧文教授已经用最引人注目的方式阐明，埋藏在拉普拉塔的大多数哺乳动物化石与南美洲类型相关。这种关系在MM.伦德和克劳森在巴西洞穴收集到的丰富的骨骼化石中展现得更加明显。这些事实让我印象深刻,我在1839年和1845年的著述中就坚持"类型演替法则"和"同一大陆上死亡和现存生物间的奇妙关系"。欧文教授随后将同样的概括拓展到"旧世界"的哺乳动物。我们在这位作者复原的新西兰已灭绝巨型鸟类中看到了同样的法则在起作用。而且我们在巴西洞穴中发现的鸟类中也看到了同样法则的存在。伍德沃德先生已经说明同样的法则也适用于海栖贝类,但是由于大多数软体动物属分布面广,所以在它们身上并没有很好地体现这些法则。这里还可以再举几个例子,比如马德拉已经灭绝的和现存的陆栖贝类之间的关系,再如咸海-里海的灭绝及现存半咸水贝类之间的关系。

那么,同区域内同类型生物演替的这个重要法则究竟意味着什么?为什么会有人在比照了同纬度的澳洲和南美洲当下的气候之后,就一方面贸然试图用物理条件的不同来解释两个大陆上栖居生物的不同,而另一方面试图用物理条件的相似去解释第三纪末期每个大陆同类型生物的一致呢?也不能妄称有袋类应该主要或是仅仅产于澳洲,或者贫齿类和其他美洲的类型应该仅仅产于美洲,是一种不可争辩的法则。因为我们知道,古代欧洲曾有无数有袋类栖息,而且我已经在前文提及过的著述中阐明,美洲陆栖哺乳动物的分类法则从前与现在是不一样的。从前北美洲具有该大陆南半部的属性,而且南半部从前也比现在更像北半部。同样,从法尔考纳和考特利的发现中我们知道,从前印度北部与非洲的哺乳动物也比现在更为接近。海洋动物的分布也可以举出一些类似的实例。

变异遗传理论可以立刻对持续时间长但可能发生变化的同区域里同模型生物演替的伟大法则给予解释,其原因在于,世界上每一个地区的生物,在随后漫长的时期里,都很明显地倾向于将与其密切近似但在某种程度上经历过变异的后代留在原来的区域。如果一个大陆上的生物从前曾与另一个大陆上的生物具有巨大的差异,那么其变异了的后代依然会以近乎相同的方式和程度彼此相异。但是在漫长的时间间隔以及巨大的地理变化之后,由于不同区域之间的迁徙,较弱的生命形式将让位于更具优势的生命形式,那么过去和现在的生物分布法则也将随之发生变化。

也许有人会以奚落的口吻质询，我是否认为先前生活在南美洲的大懒兽和其他近似的巨型怪兽留下了树懒、犰狳和食蚁兽，作为它们退化了的后代。这种质询我一刻都不能承认。这些巨大的动物已经全部灭绝，没有留下任何后代。但是在巴西的洞穴中，可以发现许多在大小及其他性状上与现在生存在南美洲的物种非常近似的灭绝物种化石；而且有些可能真是现存物种的祖先。根据我的理论，我们一定不能忘记，所有同属物种都是某个物种的后代，所以，如果在一个地质层发现了六个属，每一个属包括八个物种，在下一个与之连续的地质层中，另有六个近缘或具有代表性的属，每个属依然包括八个物种，那么我们就可以得出结论，较古老的六个属，每一个属中只有一个物种留下了变异的后代，组成了六个新的属。而较老的属中的其他七个物种已经消失，没有留下后代。或者，再举一个更普通的例子，六个较古老的属中有两个或三个属的两个或三个物种是六个新属的亲代，其他古老的物种和其他老的属已经全部灭绝。在衰退的目中，因为属和物种的数量下降，数目更加少的属和物种将会留下变异了的嫡系后代,一个明显的例子就是南美洲的贫齿类。

上一章和本章小结

我已试图说明:地质记录是极度不完全的;这个星球上只有一小部分得到了细致的地质学考察;只有特定纲的生物其大部分以化石的状态被保存了下来;我们博物馆里保存的标本和物种的数量,与仅仅一个地质层所经历的无数世代相比,甚至连沧海一粟都算不上;由于富含化石的沉积物如要达到足以抵御未来陵夷作用的厚度,需要沉陷的发生,所以各连续地质层之间存在漫长的时间间隔;沉陷期可能会有更多的物种灭绝,抬升期则会有更多的变异发生,但记录却最不完全;每一个地质层的沉积都不是持续不断的;相较于某特定生命形式的平均存续期,每一个地质层的形成时间可能并不长;迁徙对于新的生命形式第一次出现在任何一个地区、任何一个地质层都起到了重要作用;分布最为广泛的物种是那些变异最多、最常产生新物种的物种;变种在最初都是地方性的。所有的原因结合在一起,一定导致了地质记录的极度不完全，而且也将在很大程度上解释我们为什么没有发现可以通过精密的、渐进的方式一步一步将所有灭绝的和现存的生命形式连接起来的中间变种。

　　反对关于地质记录特点的上述观点的人，一定会拒绝接受我的全部理论。他可能会问一些毫无意义的问题，比如，在同一个大地质层的几个段都发现的那些将以前的近似物种或代表物种连接起来的无数过渡环节现在在哪里？他可能不相信在连续的地质层之间存在着巨大的时间间隔；他可能在考察任何一个单独的巨大区域的地质层，比如欧洲的地质层时，忽略了迁徙的巨大作用；他可能会极力主张物种全群明显的——但通常这种明显仅仅是一种假象——突然出现。他可能会问，在志留系第一个岩床沉积之前的很长一段时间内，一定就已经存在了无数的生物，那么它们的遗骸在哪里？我只能通过假设来回答最后这个问题：据我们所知，海洋已经在它存在的地方存在了很久，不断上升和沉降的大陆自从志留纪就已经挺立在那里了；但是，在志留纪以前很久，世界可能展现的是完全不同的景象；更加古老的大陆，由我们完全无法了解的更加古老的地质层组成,现在可能已经变成了另外一种状态,也可能静静地躺在了海底。

除却这些难题,所有其他古生物学的重大事实对我来说,可以依据似乎都通过自然选择而变异遗传的理论得到解释。这样我们就可以理解,新的物种如何缓慢地接连产生;为何不同纲的物种未必一起发生变化,或是以同样的速度、同样的程度发生变化;然而最终所有生物却都经历了某种程度的变异。旧生命形式的灭绝几乎是新形式产生的必然结果。我们可以理解为什么一个物种一旦消失就永远不会重新出现。可以理解物种群的数目缓慢上升,而且存续时长也各不相同,因为变异的过程一定是缓慢的,而且还取决于很多复杂的偶然因素。优势大群中的优势物种会留下很多变异了的后代,这样新的亚群和新的群就形成了。随着新群或新亚群的形成,相对不够强大的物种群,因为从其共同祖先那里遗传的劣性,呈现出集体灭绝的倾向,而且不会在地球上留下任何变异的后代。但是物种全群的彻底灭绝通常会是一个异常缓慢的过程,因为总会有少数后代在被保护或被隔绝的环境里存活下来。一个群一旦全部消失,就不会重新出现;因为世代的环节已然断裂。

我们能够理解具有优势的生命形式——那些变化最为频繁的生命形式，如何最终以其近缘但已完成变异的后代占据整个世界；而这种扩张通常通过占据生存斗争中占劣势的那些物种群的领地来完成。这样，在漫长的时间间隔之后，世界上的生物将呈现出同时发生变化的景象。

我们能够理解，为什么所有的生命形式，无论是古代的还是近代的，都形成了一个庞大的体系；因为所有的生命形式都是通过世代相互连接的。我们能够理解，由于性状分异具有持续的倾向，所以生命形式越古老，通常与现存生命形式的差别就越大。能够理解为什么古老的、已经灭绝的形式经常有填补现存形式之间空隙的倾向，有时会将之前被分为两个不同的群合二为一；但更为普遍的是仅仅略微拉近二者之间的亲缘关系。生命形式越古老，越会常常以中间体的形式存在于现今在某种程度上存在明显差异的两个群之间；因为形式越古老，与两个广为分异后的类群的共同祖先关系就越近，就越相似。灭绝的生命形式很少直接介于现存生命形式之间，而是以很多已灭绝且极为不同的形式迂回地介于现存生命形式之间。我们能够明白，为什么连续的地质层中的生物遗骸彼此紧密相连，而相距遥远的地质层中的生物遗骸则不然；由于生命形式由世代紧密连接在一起，所以我们可以明白为什么中间地质层的遗骸呈现出中间性状。

在这个世界的历史长河中，栖居于每一个连续的时期的生物都在生存的斗争中击败了自己的祖先，而且，其自然等级也得到了提升；这也许可以解释许多古生物学家都感到模糊且没有被正确界定的观点：总体而言，有机体是进化了的。如果能够证明古代动物在某种程度上与同纲的、更晚近的动物的胚胎相类，这个事实就可以理解了。在晚近的地质时期内，栖居于同区域的相同构造类型的生物的演替已不再神秘，运用遗传理论就可以解释。

如果地质记录真如我所认为的那样不完全，而且至少可以断定地质记录无法证明其比我所认为的更加完全，那么，对自然选择理论的反对意见可以大大减少，甚至完全消失。另一方面，在我看来，古生物学的所有主要法则都宣称，物种是由普通的生殖产生出来的；旧的生命形式已经被新的、改良了的生命形式所取代；物种是根据依然作用于我们身边的变异法则产生出来，并为"自然选择"维持的。

➻ 地理分布

在考虑地球表面生物分布的问题时,给我们留下深刻印象的第一个重要事实是,不同地区栖居生物呈现出的相似或者差异都不能用气候或其他物理条件来解释。近年来,几乎每一个研究这个问题的作者都得出了这样的结论。仅是北美洲地区的例子就几乎足以证明其真实性:因为如果我们不考虑北部地区——那里的环极地陆地几乎连成一体——那么所有作者都认为,地理分布最基本的分界质疑是新世界和旧世界之间的分界;但是,如果我们尝试一次从美国中部地区到其最南端的环美洲大陆旅行,我们就会看到最为多元的物理条件;最潮湿的地区、干燥的沙漠、雄伟的高山、草原、森林、沼泽、湖泊还有河流，几乎都经历过各种温度条件。旧世界几乎没有一种气候或物理条件是与新世界平行的——两个世界中的同一物种通常需要平行的条件；因为一群生物局限在任何有轻微特殊条件的小区域这种情况非常罕见；比方说，可以指出旧世界某个小的区域比新世界的任何区域热的例子，但是这里却没有生活着某种特殊的动物群或植物群。尽管旧世界和新世界在条件上存在这种平行关系，但是两个世界的生物却如此不同！

在南半球，如果比较一下处于纬度25°和35°之间的澳洲、非洲南部和南美洲西部这一大片土地，我们就会发现一些地方在条件上极度相似，但我们却不可能指出三个大陆上存在着三个完全不同的动物群或植物群。或者我们在比较一个南纬35°以南和25°以北的南美洲，这两个地区的气候条件差异相对较大，但是其生物之间的亲缘关系却比几乎相同气候条件下的澳洲和非洲的生物之间的关系更加密切。海栖生物也存在类似的事实。

在我们对一些问题进行重新思考时，给我们留下深刻印象的第二个重要事实是，自由迁徙的任何一种障碍都与不同地区物种间的区别密切相关。我们在新、旧世界几乎所有地域性物种的巨大差异中都可以看到上述障碍，当然北部地区除外，因为那里的陆地几乎是相连的，而且只要气候条件稍有变化，北温带的生命形式，就像现在生活范围严格局限于北极地区的生物一样，可能就会自由迁徙。我们在处于同一纬度澳洲、非洲和南美洲的生物的巨大差异中也可以发现同样的事实：因为这些地区之间几乎是相互隔绝的。在每一个大陆上，我们也看到了同样的事实，因为在巍峨绵延的群山的阴坡和阳坡，在浩瀚的沙漠，有时甚至在同一条长长的河流中，我们都能发现不同的物种；尽管如此，因为群山、沙漠等并不像被海洋长期分隔的大陆那样不可逾越，所以生物之间的差异程度比不同大陆上生物之间的差异程度要低。

如果将目光投向海洋，我们也可以发现同样的法则。海洋中没有任何两个海栖生物群之间的差异会比南部和中部美洲的东西海岸之间的生物群之间的差异更大，那里甚至鱼类、贝类或是蟹类都互不相同。但是这些巨大的动物群之间仅仅是由狭窄却无法逾越的巴拿马地峡隔开。美洲海岸往西，是一大片宽阔的海面，没有任何岛屿可以为向外迁徙的动物提供歇脚之地；这里我们会发现另外一种障碍，一旦越过它，就会与太平洋东部诸岛汇合，那里有另外一种完全不同的动物群。因此，这里从北至南分布着三个海洋动物群，在相应的气候条件下形成彼此相距不远的三条平行线，但是由于彼此间被不可逾越的障碍分隔开，无论在陆地上还是在广阔的海洋里，三个动物群都呈现出完全不同的特征。另一方面，从太平洋位于热带地区的东部诸岛一直向西，就不再存在不可逾越的障碍了，可以发现无数可供迁徙动物停留的岛屿，这样我们可以横穿半个地球，直至非洲海岸，而在这片广阔的区域内，却没有遇见任何界限分明的不同海洋物种。虽然在上述位于美洲东西海岸和太平洋东部诸岛的三个相近动物群中，几乎没有任何一种贝类、蟹类或者鱼类是共有的，但有很多鱼类从太平洋分布到印度洋海域，而位于另一半球的、处于几乎完全相反的子午线上的太平洋东部诸岛和非洲东部海岸，也有很多共同的贝类。

　　第三个重要的事实是，在前面的论述中已经涉及了其部分内容，虽然处于不同地点和不同环境的物种本身截然不同，但同一片大陆或海域中的生物之间具有亲缘关系。这个法则具有非常广泛的普遍性，而且每一个大陆都可以提供无数相关例证。不过，博物学家云游四海，比如从北到南，总会发现彼此不同却有着明显亲缘关系的一个又一个生物群会取代彼此，取代的方式让他印象深刻。他听到彼此亲缘关系紧密的不同种类的鸟会用相似的方式歌唱，看到它们用相似的方式筑巢，但并不完全相像，巢中卵的颜色也是如此。麦哲伦海峡附近的平原上，栖息着美洲鸵鸟的一个种，而向北的拉普拉塔平原上栖息着同属的另一个种；但没有像在非洲和澳洲同一纬度地区发现的那些真正的鸵鸟或鸸鹋。在拉普拉塔和几个平原上，我们会发现刺鼠和绒鼠，这是与我们的野兔和家兔具有同样习性且属于啮齿类同目的动物，但它们的结构明显呈现出美洲特色。登上美洲西部的科迪勒拉山系顶峰，我们会发现绒鼠的一个高山种；但是在河里却没有发现海狸和麝香鼠，不过发现了美洲啮齿目的河鼠和水豚。我还可以举出无数其他的例子。如果我们观察远离美洲海岸的诸岛，无论它们在地质结构上存在多大的差异，栖息在那里的动物，尽管可能属于完全不同的物种，从本质上看都具有典型的美洲特色。如果回溯一下过去的时代，正如在上一章讨论过的，我们会发现无论在美洲大陆还是海洋，美洲类型在当时都是占据优势的。从这些事实中可以看出，不同时空、同一地域的海栖或陆栖生物中某些深刻的有机联系是超越其所处物理条件限制的。如果一位博物学家没有探究这种联系是什么，那么，他一定是缺乏好奇之心。

根据我的理论，这种联系仅仅是因为遗传，而且据目前掌握的确切材料，单是这一个原因就可以使得生物非常相似，或者，正如我们在变种的例子里看到的，可以使得生物之间彼此近似。不同地区的栖居动物之间的不同可以归因于由于自然选择而发生的变异，其次也可以归因于不同物理条件的直接影响。差异程度取决于更加占优势的生命形式从一个地方向另一个地方的迁徙，其过程的难易程度及时间远近；取决于之前移入生物的本性和数量；取决于生物在为存活进行相互竞争时的作用和反作用；取决于有机体之间的关系，正如我经常讨论的，这是一切关系中最为重要的关系。这样，迁徙障碍的至关重要性通过对迁徙的控制来发挥作用，正如时间对于通过自然选择而发生的变异的缓慢过程是至关重要的。分布广泛的物种，个体数量庞大，在其面积广大的家园已经战胜了许多竞争者，因为在扩张到新的地区时，会有最好的机会占据新的领地。在新的家园，它们将面对新的条件，而且通常会经历进一步的变异和改良，这样，它们将会取得更进一步的胜利，会繁殖出成群的变异了的后代。依据这种变异遗传原则，我们能够理解为什么属的各个部分、全属，甚至全科都局限在相同地区的例子比比皆是。

如上一章所述，我不相信任何必然发展的法则。由于每一个物种的变异性都各有其独立的特性，而且只有当它在复杂的生存斗争中有利于个体生物时，才会被自然选择利用，所以不同物种的变异程度绝对没有统一的标准。比如说，相互间有直接竞争关系的大量物种，成批地迁徙到一个新的、随后与世隔绝的地区，它们将不会发生变异；因为迁徙和孤立本身对变异不会起任何作用。这些规则只有在有机体彼此间发生新的关系时才会起作用，而与周围物理条件之间的关系程度较低。正如我们在上一章所看到的，一些生命形式的特征自极其遥远的地质时期以来就一直保持着几乎不变的状态，因此，特定物种的迁徙范围巨大，却没有发生巨大的改变。

基于上述观点，同属的几个物种，虽然栖居在相距最为遥远的世界各个地区，由于是从同一亲代繁衍而来，所以其最初必定来源于同一地区，这一点是十分明显的。至于那些经历了整个地质时期却没有发生变异的物种，一定是从同一个地区迁徙而来，这一点无可争辩；因为自古代以来，地理环境及气候条件均发生了巨大变化，所以几乎任何规模的迁移都是非常有可能发生的。但是，在其他的许多情形中，我们有足够的理由相信同属的很多物种都是在相对晚近的时期内产生的，因此这种情况就不容易解释了。同一物种的诸个体，虽然目前的栖居地区彼此相距遥远且相互隔绝，但它们一定是来自其亲代最初出现的地方，这一点也很明显：因为，如上一章所释，完全相同的个体是由不同物种的双亲通过自然选择繁衍而来，这一点难以置信。

这样，我们就需要面对这个已经被博物学家们充分讨论的问题，即物种究竟是在地球上一个还是多个地区被创造出来的。目前发现，同一物种已经完成了从某个地点向相距遥远且相互隔绝的多个地点的迁徙，这种迁徙究竟如何得以完成，毫无疑问，理解起来具有相当的难度。但是，每一个物种最初都产生于某一单一区域之内，这个观点的简单性让人欲罢不能。拒绝接受这个观点的人，同时也拒绝了最为普通的世代更替都是伴随着一次又一次迁徙这个**真实原因**，而且会把这种普通的更替视为神迹。普遍承认，大多数情况下，一个物种栖息的地域具有连续性，如果某种动物或植物的诸多栖息地之间彼此相距甚远，或者由于诸如某些空间不容易轻易完成迁移而造成间隔，那么这一事实就会被当作例外得到足够的重视。陆栖哺乳动物比其他生物在跨海迁徙的能力上具有更大的局限性，而且，我们尚未发现下面这样难以解释的情形，即同一种哺乳动物栖居在相距遥远之地。大不列颠之前是和欧洲大陆连在一起的，因此可以发现同样的四足兽类，对此，没有一个地质学家会感到难以解释。但是如果同一物种可以在两个相互分离的地方得以繁衍，那么我们为什么无法在欧洲找到与澳洲或是南美洲相同的单一哺乳动物呢？这些地区的生活条件几乎相同，因此大量欧洲的动植物在美洲和澳洲都实现了本土化，为什么在南北半球的这些遥远的地方也发现了一些完全相同的本土植物？我相信，答案也是：

哺乳动物并没有能力迁徙，然而一些植物，由于其特殊的传播方式，实现了跨越广袤且相互隔绝的区域的迁徙。每一种屏障对于传播产生的巨大且显著的影响，只有根据绝大多数物种都是在屏障一侧单独繁衍却没有能力向其他地区迁移这一观点才能得到解释。少数的科、很多亚科、更多的属以及数量庞大的属的部分都被局限于某个单独的区域；而且有几位博物学家已经观察到，最自然的属，或者那些其中的物种彼此具有紧密亲缘关系的属，通常都具有地方性，或者说，局限于同一个地方。如果我们在该系列中往下降一级，探究同一物种的个体，如果发现它们为一种截然不同的法则支配着；而且物种不是地方性的，是在两个或更多不同地区繁衍出来的，那将是多么奇怪和反常啊！

　　因此，对我来说，其实对于其他很多博物学家也是如此，每个物种都是在某个独立的地区产生，然后在过去和现在条件允许的情况下，充分运用其迁徙能力，完成了一系列的跨区域迁徙，这个观点最具有可能性。当然，会出现很多我们无法解释的情况，比如同一物种如何从一个地方迁移至另一个地方。但是，最近的地质时期肯定发生过的地理及气候的各种变化,一定阻断了很多物种曾经的连续分布,使之呈现出不连续的状态。所以我们不得不考虑,分布连续性的例外如此之多,性质如此之严重,我们是否不得不放弃从一般考虑看来是很有可能的以下观点,即每一个物种都是在一个区域内产生,之后又尽可能远地向外迁移。如果用目前生活在相距很远且相互隔绝的地方上的同一物种为例来讨论所有例外情况将会索然无味,而且我现在也不愿意假装自己可以给出很多的例子加以说明。但是,之前的一些讨论还不够深入,接下来我将讨论几个最为显著的事实,具体而言,既存在于相距遥远的山系之巅也分别存在于南北两极的同一物种;其次(将在下一章讨论),淡水生物的广泛分布;第三,虽然岛屿与大陆之间相隔了几百英里的海面,但还是出现了相同的陆栖物种。如果地球表面相距甚远且相互独立的两地存在同一物种,可以通过很多实例,运用每一物种都是从某一出生地迁徙而来的观点去解释的话,那么,考虑到我们忽视了之前气候及地理环境变化以及各种物种偶然使用的自我放逐方式,这种观点在我看来就是一种最为稳妥的普遍法则。

在讨论这个主题时，我们还应该同时考虑对我们来说同样重要的一点，即一个属里的若干不同物种（根据我的理论这些物种都源于同一祖先），是否能从其祖先栖居的地方迁徙出去（在迁徙的某些阶段发生了变异）。一个大多数栖居者都具有亲缘关系或与另一个地区的物种同属于一个属的地区，可能在之前的某时期接受了来自这个"另一个地区"的迁徙者，如果这一点可以得到证实，它将强有力地支持我的理论，因为根据变异原则，我们可以清楚地理解一个地区的栖居生物为何必须与另一个地区的生物具有关联。比方说，在距离大陆几百英里之外隆起并形成的一个火山岛，可能在时间的长河中接受了来自大陆的一些殖民者和它们的后代，虽然经历了变异，因为遗传的原因，这些迁徙者与大陆上的生物可能依然会有明显的关系。这类例子非常常见，而且，如我们后文中将会看到的，运用物种的独立创造理论无法解释。一个地区的物种与另一个地区的物种发生关联的观点与华莱士先生最近发表的一篇精巧的文章中的观点并没有很大差异（他只是用变种一词替换了物种）。华莱士现在得出结论说，"每一个物种的产生，都与之前那已经存在的具有密切亲缘关系的物种在时间和空间上息息相关"。而现在,通过与他的信件来往,我终于明白,他是将这种相关性归因于伴随变异的世代更替。

之前关于"创造中心的单一性和多元性"的讨论并没有涉及另外一个相关问题——同一物种的所有个体究竟是一对配偶的后代,还是一个雌雄同体的后代,或者,如一些作者设想,是同时创造出来的许多个体的后代。关于那些生物体从不杂交的问题(如果这种生物体存在的话),根据我的理论,物种一定是经过了连续改良的变种的后代,这些变种将不会与其他个体或变种混合而是会相互排斥,因此,在变异和改良的每一个连续阶段,每一个变种的所有个体都是单一亲本的后代。但是在大多数情况下,即对于每次生育期都习惯上需要交配,或者经常会杂交的所有生物,我相信,该物种的所有个体在漫长的变异过程中,都会通过杂交而保持基本一致;因此很多个体会同时持续发生变化,而且在每一个阶段,变异的总体程度将不会取决于单一亲本的遗传。举例说明一下我的意思:我们英国的赛马与其他每一个品种的马都稍微有些不同,但是这种差异和优势并不是因为任何单一亲代的遗传,而是因为连续数代对许多个体的仔细挑选和训练。

上述三类事实，是我为展现"单一创造中心"论的最大难点而挑选的，在讨论它们之前，我必须先稍微说一说扩散的途径问题。

扩散的途径

C. 莱尔爵士和其他作者已经对这个主题做过不俗的讨论。在这里，我只能对最重要的事实进行言简意赅的概述。气候的变化一定对迁徙产生了举足轻重的影响：在过去气候不同的时候，某一个地区可能曾是迁徙的主要路径，但是现在却不可逾越。不过，我在这里想就这个主题的一个分支话题进行详细讨论。陆地高度的变化也一定是非常重要的影响因素：一条狭窄的地峡现在将两个海洋动物群隔绝开来，如果这条地峡沉没在水中，或者在之前的某个阶段曾经沉没过，那么两个动物群现在将会混合，或者以前可能混合过：目前海洋存在的地方，在之前的时期可能曾有陆地将岛屿相互连接，甚或将几块大陆连在一起，那么陆栖动物就可以从一个地方穿行至另一个地方。在生物体存在的时期内，陆地的水平高度曾发生过巨大的变化，对此地质学家们没有异议。爱德华·福布斯坚持认为，大西洋中的所有岛屿在最近的过去一定曾和欧洲或非洲相连，同样，欧洲也曾和美洲相连。其他作者也曾做过同样的假设，认为海洋之间曾存在过陆地，几乎将每一个岛屿都与某一大陆连接在一起。如果福布斯的这些论断的确可信，就必须承认，最近的过去不存在任何一个岛屿没有和某一大陆相连的情况。这一观点解开了同一物种分布至相距最远之地的戈尔迪之结[1]，同时也解决了不止一个困难，但是据我判断，我们尚不能承认在有物种存在的期间内，地理结构曾发生巨大的变化。在我看来，我们生存的大陆，其水平面发生过巨大的变化，对于这一点我们可以提供大量的证据，但并没有证据表明这些位置和范围曾发生巨大变化，以至于它们曾在最近的时期彼此相连，同时也与介于大陆与海洋之间的若干岛屿彼此相连。我可以直接承认，许多之

---

1. 古希腊神话中的小亚细亚弗里基亚国王戈尔迪，曾在自己的牛车上打了许多复杂的结子并放入宙斯的神庙。神示说解开此结之人将成为亚细亚之王。该结难住了世上所有的智者和工匠，后被亚历山大一剑劈开。后人以其喻指难以解决的问题。——译者

前存在的岛屿现在已经沉没海底，这些岛屿曾经是很多动植物迁徙途中的歇脚之地。在珊瑚礁形成的海域，这些下沉的岛屿现今有了明显的标记，即岛上布满了珊瑚环或环礁。我相信终有一天，当人们承认，每一个物种都来自某个单一的出生地，同时随着时间的推移，等我们确切地知道动物分布的途径时，我们将能稳妥地推断出陆地先前的分布范围。但我并不相信我们可以证明，目前相互隔绝的大陆在近代曾经完全，或是几近完全地彼此相连，而且也曾经和现存的海岛彼此相连。关于分布的几个事实，比如栖居在几乎每个大陆两端的海洋动物群之间都存在着巨大差异；若干陆地甚至海洋的第三纪生物与现存生物之间存在密切的关系；哺乳动物的分布和海洋的深度之间存在一定程度的联系（这一点我们今后还会讨论）；这些事实以及其他类似的事实对我来说都与近代在地理上曾发生过巨大的革命性变化的观点相左，但对于提出这一观点的福布斯及其追随者们却至关重要。同样，我认为，海洋诸岛生物的性质及相对比例也与海岛之前与大陆相连的观点相违。几乎全岛遍布火山岩成分这一现象也不支持它们是大陆沉没后的残遗物的说法，因为如果它们最初在陆地上是以山系的形式存在，那么至少一些岛屿应该像其他的山峰一样，有花岗岩、变质片岩、古老的含化石岩层以及其他类似的岩石构成，而不仅仅是由火山物质堆积而成。

现在，我必须对所谓意外的分布途径做一些讨论，不过也许应该叫作偶然的分布途径更加恰当一些。这里我将聚焦于植物。植物学著作常常会提到，这种或那种植物不适于广泛传播，但对于跨海传播的重要途径可以说几乎完全不了解。当我在伯克利先生的帮助下完成了几个实验的时候，我甚至不清楚种子到底可以在多大程度上抵御海水的损害。让我惊讶的是，我发现，在87种种子当中，有64种在海水中浸泡了28天之后仍然可以发芽，而且还有少数几种在浸泡137天之后还能够成活。为了方便起见，我主要实验的是没有荚或者果的小小的种子，因为这些种子会在放在水中几天之后全部下沉，无论它们是否受到海水的损害，都不可能漂浮着穿过宽阔的大海。后来我又实验了大一些的果实和荚，其中的一些能够漂浮很长时间。众所周知，未经处理的树木和干燥的木材之间的浮力有多么大的不同，而且我也曾目睹洪水将植物或是枝条冲到下游，这些植物或枝条在岸上可能是干燥的，然后在被河水再次泡湿之前就被冲进了大海。由此我尝试把94种带有成熟果实的干燥的树干和树枝放入海水中。大多数都迅速下沉，但有一些在新鲜时也会漂浮一小段时间，被干燥后可以漂浮得更久一些，比如说，成熟的榛子会迅速下沉，但在干燥后可以漂浮90天，而后如果栽种，仍旧可以发芽；带有成熟浆果的天门冬属植物可以漂浮23天，干燥后能漂浮85天，之后栽种可以发芽；沼伞芹属植物成熟的种子两天后就会下沉，干燥后却可以漂浮90天，而后也可以发芽。94种干燥的植物中，18种可以漂浮28天以上，而且这18种中还有可以漂浮得更久的。这样，87种可以漂浮28天以下的植物中，有64种浸泡28天后可以发芽，而那18种带有成熟果实的植物（与上述实验物种并不完全相同）在干燥后可以漂浮28天以上。如果我们可以根据这些简单观察到的事实做出推断的话，我们可以得出结论：任何地方的每100种植物的种子，有14种可以随着洋流漂浮28天，而且还会保持其发芽的能力。在"约翰斯通自然地图册"中，几种大西洋洋流的平均速率为每昼夜33英里（有些洋流的速率为每昼夜60英里）；按这个平均速率，一个地区100种植物之中可能有14种会跨越924英里漂洋过海抵达另一个地区；当搁浅时，它们就会被内陆的风吹到适宜的地方，可能还会发芽。

紧随着我的实验，马腾斯先生尝试了一个相似的实验，但他的实验方法却更加完善，因为他将种子放在一个盒子里，并将盒子放到了真正的海中，这样种子会像真正漂浮在海里一样，时而被浸湿，时而被暴露在空气中。他尝试了98种植物的种子，大部分与我选择的种子不同，他选用的是很多海边植物的大果实和种子，这种选择可能会有利于种子的平均漂浮时长以及对海水侵害作用的抵抗能力。另一方面，他没有事先对植物或带有果实的树枝进行干燥处理，而干燥处理，正如我们之前讨论过的，会大大延长种子的漂浮时间。实验的结果是，在他选取的98种种子中，18种漂浮了42天，而且彼时仍具有发芽能力。但是，我不怀疑，暴露在海浪中的植物比我们实验中没有受到剧烈运动影响的植物漂浮的时间会更短。因此，也许如此假设会比较稳妥：一个植物群中，100种植物中大约有10种植物的种子在干燥之后，可能可以漂过900英里宽的洋面并保持发芽的可能性。大的果实经常比小的果实漂浮时间更长，这个事实非常有趣，因为种子或果实大的植物很难通过其他任何途径传播，而且阿尔夫·德·康多尔已经证明这类植物通常在分布范围上是有限的。

但是种子偶尔也会通过另外一种方式传送。漂流的木材会被冲上大部分岛屿，甚至是位于宽阔大洋中间的那些岛屿；而且太平洋中珊瑚岛上的土著，只能从这些漂浮树木的根部寻找可以用作工具的石块，这些石块也因此被当成非常贵重的贡税。我通过仔细观察发现，当不规则的石块被嵌入树木的根部时，往往一些小块儿的泥土会被包裹在树根根须之间以及石块和树根之间的缝隙里，这些泥土被包裹完好，即使经过最长时间的传送也不会被冲走，比如，有一小块泥土就是这样被完整地包裹在一株树龄为50年的橡树的根部，里面的三株双子叶植物发芽了，我对这个观察的准确性充满信心。而且我还可以证明，鸟的尸体漂浮在海面上，有时没有被其他动物马上吃掉，其嗉囊中很多种植物的种子会长久地保持生命力，比如，豌豆和巢菜浸泡在海水中几天就会失去生命力；但一些从漂浮在人造海水中30天的鸽子尸体中取出的豌豆和巢菜就几乎全部可以发芽，这一点令我非常惊奇。

活着的鸟是最高效的种子传送媒介。我可以用很多实例证明，很多种鸟经常被强劲的风吹送得很远，甚至越过宽阔的海面。我想，我们可以很稳妥地假定，在这些情况下，它们的飞行时速是35英里，而一些作者对这种飞行时速给出了更高的估计。我从未见过营养丰富的种子可以穿过鸟的肠子却没有被消化掉的先例，但果实坚硬的果核可以完好无损地通过火鸡的各消化器官。我用了两个月的时间，在我的院子里从小鸟的粪便中收集到12种植物的种子，它们似乎都是完好的，我尝试了一下，有一些可以发芽。不过，下面的事实更加重要：正如我通过实验发现，鸟的嗉囊并不会分泌胃液，不会对种子的发芽造成任何损害；但一只鸟发现并吃掉了大量的食物，可以断定，并不是所有的谷粒儿都会在12小时甚至18小时内进入砂囊。而在此期间，鸟儿可能会很容易地被风吹送到500英里以外，而且我们知道，鹰会猎食倦鸟，它们嗉囊中的食物在嗉囊被鹰撕裂时就这样被四散出去。布兰特先生告诉我说，他的一个朋友已经放弃在法国和英国之间使用信鸽了，因为英国海岸的鹰会在信鸽抵达的时候毁掉它们中的很大一部分。一些鹰和猫头鹰会把猎物整个吞下，并且在之后的12小时至24小时内，会吐出一些食物的团块，根据我在动物园中做的实验，我发现，这些团块当中还有能够发芽的种子。燕麦、小麦、粟、藕草、大麻、三叶草和甜菜的种子，在不同猛禽的胃中12小时至21小时后，依然能够发芽；而且还有两粒甜菜种子经过了两天零十四个小时之后还能生长。我发现，淡水鱼类以多种陆生和水生植物为食，而鱼又常常被鸟儿吃掉，这样，种子可能就从一个地方被运送到了另一个地方。我曾把很多种植物的种子塞入死鱼的肚腹中，然后将鱼的尸体拿给鱼鹰、鹳和鹈鹕，很多个小时之后，种子被这些鸟儿随小团块吐出，或者随粪便排出，而这些种子中有一部分还保持着发芽的能力。但某些特定种类的种子，却总是在这个过程中死去了。

虽然鸟的喙和足通常都非常干净，但我可以证明，它们有时也会沾上泥土：有一次我曾经从山鹬的一只脚上取到22粒干的黏土细粒，泥土里面有一颗巢菜种子大小的砾石。这样，种子可能偶尔会以这种方式被传送到很远的地方，因为很多事实都可以证明，几乎每个地方的泥土中都有种子存在。我们可以想想每年都要飞越地中海的数以百万计的鹌鹩，我们能怀疑有时它们的足上沾着的泥土中会有几粒微小的种子吗？不过我现在还是要再次讨论一下这个问题。

我们知道，冰山有时也会载荷着泥土和石块，甚至还有灌木、骨头以及陆栖鸟类的巢穴，我毫不怀疑莱尔提出的观点，即它们偶尔会将种子从一个地方传送到另一个地方，甚至是北极和南极地区，而且在冰期期间，可能是从现在处于温带的地区传送到另一个地区。在亚速尔群岛，将岛上现存的欧洲常见植物物种的庞大数量与距离大陆更近的大洋中的其他岛屿上的植物数量相比较，同时再与同纬度北方植物群特征稍微高一些（如H.C.沃森先生所论）的地区相比较，我可以推测，这些岛屿在冰期存有一部分由冰体裹挟的种子。应我的请求，莱尔爵士曾写信给哈通先生，询问他是否在这些岛上见到过漂砾，他回答说，他曾见到花岗岩和其他岩石的巨大碎块，而这些岩石并不是这些群岛上原来就有的。这样，我们就可以稳妥地推断，冰山曾将其装载的岩石卸在了这些位于大洋中心的群岛的海岸上，而且这些岩石至少有可能将具有北方植物特征的种子同时带到了那些岛上。

上述讨论的几种传送的途径，当然毫无疑问还存在有待发现的其他一些传送的途径，几百年甚至几万年以来，年复一年地在起着作用，我想，如果很多植物没有通过这些方式得以广泛传播，那将是一种非常奇怪的事情。有些人认为这些传送的途径有时具有偶然性，但从严格意义上说这种想法并不准确，因为洋流并不是偶然的，强风的风向也不是偶然的。应当注意到，任何一种途径都不会将种子传送到极其遥远的地方，因为种子如果过长时间暴露在海水的作用之中，将无法保持其生机活力，同样，它们也不能在鸟类的嗉囊或肠子中存活过长的时间。但是，这些偶然的传送方法却足以携带种子跨越几百英里宽的海面，或者可以从一个岛屿到另一个岛屿，或者从大陆到邻近的岛屿，却无法从一个遥远的大陆携至另一个大陆。相距遥远的两片大陆上的植物群无法通过这种方式实现大范围的融合，而是会像我们现在看到的那样保持各自的特征。而洋流，因为其特定的走向，也永远不会将种子从北美洲带到英国，但洋流却可能，而且的确将种子从西印度群岛带到了我国的西海岸，但这些种子即使没有被海水的长期浸泡损毁，也会无法忍受我们的气候条件。几乎每年都有一两种陆栖鸟类被风吹过大西洋,从北美洲被吹到爱尔兰和英格兰的西海岸,但种子却只能通过唯一一种方法由这些漂泊者实现传送,即通过它们脚上沾着的泥土,而这本身就是极其罕见的偶发事件。即使在这种情况下,一粒种子落在适宜的土壤,然后生长并成熟,其概率多么渺小!诸如大不列颠这样生物种类繁多的岛屿,据目前能了解到的资料(但这一点很难得到证实),在最近的几个世纪中,并没有接收到来自欧洲或其他大陆通过这种偶然的传送方式到来的"移民",但如果据此就提出,那些生物种类贫乏的岛屿离大陆更远,将不会以相似的方式接纳新的成员,那就大错特错了。我丝毫不怀疑,被传送到某一座岛屿上的20种植物的种子或20种动物,几乎不会有一个以上的种类可能在新的环境中找到适合自己的家园并实现本土化,虽然那座岛屿上的生物较不列颠少得多。但在我看来,这并不能作为有效论据来反驳以下论断:在漫长的地质时期内,当一座岛屿由于地壳的隆起并得以形成时,尚未有繁多的生物遍布其上之前,这一个岛屿也将受到上述偶然性传送方式的影响。在一座几近荒芜的海岛上,因为很少或者几乎不存在具有破坏性的昆虫或鸟类,几乎每一粒有机会抵达的种子,都肯定会发芽和成活。

冰河时期的植物传播

在被绵延数百英里的、高山种无法生存的低地隔开的高山之巅,存在许多相同的植物和动物,这个关于同一物种栖居在相距遥远之地的案例,是最让人印象深刻的案例之一,因为据已有案例记载,生活在两个地区的生物并没有从一地向另一地迁徙的可能性。在阿尔卑斯山或比利牛斯山的积雪区域,以及欧洲的极北部区域,发现有如此多相同的植物存在,确实是一个引人注目的事实。但是,位于美国的怀特山脉和位于加拿大拉布拉多省的山脉上的植物也几乎完全相同,而且据阿萨·格雷的发现,这些植物与欧洲最高的山上的植物也几乎完全相同,这一事实则更加令人瞩目。甚至早在1747年以前,这些事实就让格梅林得出结论,认为相同的物种一定是在几个不同的地区被独立创造出来的,而且如果不是阿加西和其他学者将研究者的注意力转到冰河时期,我们可能会一直坚持这个观点。我们接下来要讨论的冰河时期，为这些事实提供了一个简单的解释。我们对每一种可以想象到的事实，无论是关于有机物还是无机物的，几乎都有证据证明，在最近的地质时期内，欧洲中部和北美洲都曾处于北极气候的控制之下。被大火吞噬后的房屋的废墟并不能清楚地讲述它们的故事；相反，苏格兰和威尔士的高山，用其带有划痕的侧面、打磨过的表面，以及耸峙的巨砾，更加清晰地说明，这些山的山谷中曾流淌着冰冷的河水。欧洲的气候发生了如此大的变化，以至于在意大利北部，古老的冰川遗留下来的巨大的冰碛上已经布满了葡萄和玉蜀黍。在美国的巨大区域内，漂浮的冰山和沿岸的冰体造成的漂石和有划痕的岩石也都清晰地展现了从前那个冰冷的时期。

冰期气候之前对欧洲生物分布的影响大致如下，爱德华·福布斯对此已经做了清晰明了的解释。但如果我们设想，一个新的冰期会慢慢到来，然后又慢慢过去，正如之前发生过的那样，我们将更加容易追踪这些变化。随着寒冷的到来，同时随着每个位于更加南部的、的确变得越来越适合北极的生物生存而更加不适合先前更温暖地区的生物，后者就会被排除，北方生物会取代其位置。更温暖地区的生物同时会一直向南方迁移，直至遇到屏障的阻挡，这时等待它们的只有死亡。山峰将会被冰雪覆盖，曾经的高山生物将会下移至平原生活。寒冷达到极致时，单一的北极动物群和植物群将会占据欧洲的中心区域，向南直至阿尔卑斯山和比利牛斯山，甚至会延伸到西班牙。美国现在的温暖地区也同样会被北极的植物和动物占据，情况将大致与欧洲相同。而目前的极地生物，我们假想它们会向南迁徙，占据全世界。我们可以假想，北美洲的冰河时期会比欧洲到来得稍早或稍晚，这样向南的迁移也会随之发生改变，但是最后的结果将不会有什么差别。

等到温暖重回大地，北极的生命形式会向北退去，紧随其后的是栖居在更温和地区的生物。当山脚下的冰雪融化时，这些北极的生命形式会占据冰雪刚刚融化干净的地方，通常是随着温度的升高，它们也渐渐向山顶迁移，同时它们的一部分"弟兄"也开始了北归的旅程。因此，当温暖全部回归时，同一种北极物种，它们近期在"旧世界"的低洼地带以及在"新世界"都曾经生存过，将被隔绝在彼此相距很远的山顶（海拔稍低地区的北极物种已经灭绝）以及东西两个半球的极地之内。

这样，我们就能够理解，在美国和欧洲两地相距如此遥远的山上为何会存在许多种相同的植物。这样，我们也能够理解如下事实：每一个山系的高山植物都与其正北方或近乎正北方的北极生命形式具有极其密切的关系：大概是因为寒冷到来之时的迁徙以及温暖回归之时的再次迁徙，而迁徙的方向一般都是向着正南或者正北。例如H.C.沃森先生谈及的苏格兰高山植物，以及雷蒙谈到的与北斯堪的纳维亚的植物尤其相似的比利牛斯山的高山植物；还有美国与拉布拉多高山植物的相似；西伯利亚山脉与其所处地区正北的北极地区高山植物的相似。这些观点，都是基于冰期之前这些生命形式的确存在过这一前提，在我看来，可以为目前欧洲和美洲高山及北极物种的分布状况提供令人满意的解释，也就是说，当我们在其他地区彼此相距遥远的山顶上发现相同的物种时，即使没有其他证据，我们几乎也可以得出结论：较冷的气候条件曾促使它们穿过低洼的地区完成之前的迁徙，而目前这些地区已经变得太暖，不再适于它们生存。

如果自从冰河时期开始，出现过比现在更温暖的气候（美国一些地质学家主要依据领齿蛤化石分布坚持这一主张），那么北极及温带的生物在后期会向北进发，随后又回到了它们目前的家园，但对于冰期之后到现在之间嵌入的这一段稍温暖时期的问题，我一直没有发现令人满意的证据。

北极的生命形式，在其向南方进发之后又退回北方的长途迁徙中，会一直处于几近相同的气候条件之下，而且尤其值得注意的是，它们的迁徙一直保持着集体行动的特点；所以它们之间的相互关系没有受到大的干扰，而且，根据本书反复强调的原则，它们没有发生重大变异的倾向。但是，对于气候回暖时最初处于山脚但最后被隔绝在山顶的高山生物，情况则有一些不同；因为并不是所有相同的北极物种都被滞留并生存在彼此相隔遥远的山系；它们也非常可能与古老的高山物种相互融合，这些古老的高山物种在冰期开始之前就一直栖息于该山系，并且在最为寒冷的时期被暂时驱赶至平原地区，它们也在某种程度上受到了不同气候条件的影响。它们之间的相互关系就这样遭到了某种程度的干扰，结果是它们更加容易发生变异，而且我们发现情况确是如此；因为如果我们将欧洲几大山系现存的高山植物和动物互相比较,虽然很多物种仍然没有发生任何变化,但是一些成了变种,一些被列为可疑的类型,还有少数成了完全不同却与原物种极度近似或具有代表性的物种。

在阐释我所相信的冰河时期的真正状况时,我假设在该时期之初,北极生物像现在一样全部生存在环北极地区。但之前关于生物分布的讨论不仅仅局限于北极的生命形式,也包括很多亚北极以及少数北温带的生命形式,因为它们与北美洲及欧洲平原山脉低坡上的生命形式相同;同时,我如何解释在冰期开始时全世界亚北极和北温带生命形式的一致程度,是一个非常合理的问题。现如今,"旧世界"和"新世界"的亚北极和北温带生物已经被大西洋及太平洋的极北部相互隔开。在整个冰河时期,当两个"世界"的生物的栖居地比现在的位置更加向南时,它们被广阔海洋分隔的程度一定比现在更彻底。我相信,上述困难可以通过考察更早期相反性质的气候变化情况来克服。我们有充分的理由相信,冰河时期之前,在更近的上新世时期,世界上的绝大多数生物与现在尤其相同,当时的气候比现在还要温暖。因此,我们可以假定,目前生活在纬度60°的气候条件下的有机体,在上新世时期曾生活在纬度为66°至67°的北极圈内更北方的地区;而当时严格意义上的北极生物则生活在更加接近北极的断续的陆地上。现在如果我们看一下地球仪,就会看到在北极圈下方,有一片几乎是相互连接的大陆,从欧洲西部经西伯利亚一直延伸到美国东部。我将冰期以前"旧世界"和"新世界"的亚北极和北温带生物必然呈现出的一致性归因于环极陆地的连续性,归因于适宜的气候条件带来的自由迁徙。

根据前文间接提到的各种理由,因为相信我们的大陆,部分地区虽然经历了巨大的水平面上下波动,但长期以来一直保持着几乎不变的相对位置,所以我非常倾向于进一步挖掘上述观点的含义,并推测:在一些更早、更温暖的时期,比如早上新世时期,数量巨大的同类植物和动物生活在几乎连为一体的环极大陆上,而且这些植物和动物,无论在"旧世界"还是在"新世界",都开始随着温度的下降缓慢地向南迁移,这种迁移远在冰河时期还没有开始之前就已经发生了。我们现在看到它们的后代栖居在欧洲的中部地区和美国,大都发生了变异,这一点与我的观点相吻合。根据这种观点,我们就可以理解，北美洲和欧洲的生物之间的关系为何很少有相同之处——考虑到两个地区之间相隔遥远，而且被大西洋阻隔，这种关系就成为最值得关注的关系。我们还能进一步理解一些观察者提到的那个奇特的事实：第三纪后期欧洲和美洲的生物彼此之间的关系要比现在密切得多，这是因为在那些更温暖的时期内，"旧世界"和"新世界"的北部地区几乎全部被陆地连接在一起，为生物的迁徙架起了桥梁，而后，由于寒冷的原因，这些桥梁变成了不可逾越的障碍。

在上新世温度缓慢下降期间，栖息在"新世界"和"旧世界"的相同物种，一旦从北极圈向南迁徙，必定完全隔离。从更温暖地区的生物特征来看，这种隔离必定发生在很久以前。而且，随着植物和动物向南迁徙，它们将与某一大区域内的北美洲土著生物混居，且势必在彼此间形成竞争，而在另一个处于"旧世界"的大区域内，也同样会出现上述情况。结果是，一切条件都适于变异的发生——远超于高山物种的变异，因为高山物种仅在更晚近的时期被隔绝在几个山系以及两个世界的北极地区。这样，当我们比较"新世界"和"旧世界"温带地区的现存生物时，我们几乎没有发现相同的物种（虽然阿萨·格雷最近的研究表明，两个"世界"植物的相同数量要高于我们之前所认为的），但我们在每一个大纲里都可以发现很多生命形式，一些博物学家将这些生命形式列为地理宗，而其他博物学家将其列为不同的物种，还有大量亲缘关系密切或具有代表性的生命形式被所有博物学家列为尤为不同的物种。

和陆地上的生物一样，在上新世甚或是更早的时期，海栖动物群在海洋中也进行了缓慢的南迁，这种迁徙沿着北极圈连续不断的海岸整体向南推进，根据变异理论，这种南迁可以为现今栖息在彼此完全隔绝的区域中亲缘关系密切的生命形式的存在提供解释。因此我认为，我们能够理解在温暖的北美洲东西海岸很多现存的生命形式与第三纪具有代表性的生命形式之间的密切关系；能够理解栖息在地中海和日本海的许多甲壳动物（例如，德纳在其优秀著作中描述的）、鱼类和其他海洋哺乳动物之间极度相近的惊人例子，因为地中海和日本海目前已经被大陆以及占据了差不多半个地球的赤道海洋彻底隔开了。

现今隔离的海域中的生物，以及北美洲与欧洲的温带陆地上现在和过去的生物，它们之间存在关系，却没有相同的物种，这是创造理论无法解释的。我们不能说，因为这些地区的物理条件是几乎相似的，因而相应创造出来的生物也是相似的；例如，如果我们将南美洲的某些地区与旧世界的南方大陆做个比较，我们就会发现，这些地区的物理条件极为相似，但其生物类型却完全不同。

但是，我们必须回到冰期这个更加直接的主题。我相信，福布斯的观点还存在拓展的空间。在欧洲，从不列颠西海岸到乌拉尔山脉，再向南到比利牛斯山，我们可以发现寒冷时期的最明显证据。根据冰冻的哺乳动物和山上植被的特征，我们可以推断，西伯利亚也受到了相似的影响。沿着喜马拉雅山，在相隔900英里的不同地点，冰川留下了之前下泻的痕迹；而在印度的锡金，胡克博士看到了玉蜀黍生长在古代巨大的冰碛上。在赤道以南，我们可以发现以前冰川在新西兰活动过的一些直接证据，而在该岛彼此相隔很远的山上发现的同种植物，也讲述了相同的故事。如果已经发表的一种描述值得相信的话，我们在澳洲东南角也发现了冰川活动的直接证据。

我们把目光转向美洲。在其北半部，南至纬度36°至37°的东侧发现了冰川带来的岩石碎片，而在目前气候已经完全不同的太平洋海岸，南至纬度46°的地区也有同样的发现，在落基山脉，也发现了漂石。在赤道附近的南美洲的科迪勒拉山系，冰川曾超过其现今水平高度。在智利中部，我惊诧于一个巨大岩屑堆的结构，大约有800英尺高，横穿整个安第斯山谷；我现在确信这是一个巨大的冰碛，比现存的任何冰川的体积都庞大。沿着美洲大陆的东西两边继续向南，从纬度41°直至最南端，从遥远的原产地被运送过来的巨大漂石，是我们可以找到的从前冰川活动的最明显证据。

我们不知道的是，在两个半球这些相距遥远的地方，冰河时期是否是同时开始的。但是，对于上述每一个案例，我们都有充分的证据证明这一时期发生在最近的地质时期之内。我们也有非常完美的证据说明，在每一个地方，如果按年份来测量的话，这个时期持续的时间相当漫长。寒冷在地球的一个地方可能比在另一个地方开始或结束得早一些，但是可以看出，在全部地方都持续了相当长的时间，而且在地质学意义上属于同一时期，在我看来，非常有可能至少有一段时间，整个世界范围内都同时处于冰河时期。如果我们没有非常明显的相反的证据，那么我们至少有可能承认在北美洲的东西两岸，冰川的活动是同时进行的，处于赤道及更温暖的温带的科迪勒拉以及该大陆最南端的东西两岸，情况也是如此。如果承认了这一点，那么承认整个世界曾经同时经历了寒冷的时期就是难以避免的事情了。如果沿着某些宽广的经度带，气温同时很低的话，对于我的目的来说就足够了。

在这个问题上，整个世界，至少在宽泛的经度带上，地球的两极之间同时经历了寒冷阶段，这个观点对理解现今相同或近似物种的分布问题大有裨益。在美洲，胡克博士已经证明，占南美洲贫乏的植物群很大部分的40种至50种南美洲火地岛显花植物在欧洲也非常常见，虽然南美洲与欧洲相距遥远，但两地还有很多极度相似的物种。在美洲赤道地区的高山上，生长着大群属于欧洲属的物种。在巴西的最高峰，加德纳发现了少数欧洲属，这些生物在炎热的国家并不是很常见。而很久以前，著名的洪堡在委内瑞拉首都加拉加斯的新罗还发现了属于科迪勒拉的特有属的物种。在非洲阿比西尼亚山上，还发现了几种欧洲的生命形式和专属好望角的植物群的少数几种代表性物种。普遍认为，好望角的少数几种欧洲物种并不是人为引进的，而在山上发现的少数几种具有代表性的欧洲生命形式在非洲的热带地区并没有发现。在喜马拉雅山和印度半岛上与外界隔绝的山系中，在锡兰的高地上，在爪哇的火山顶上，生长着很多种植物，这些植物或是完全相同，或是代表彼此，同时也代表着欧洲的植物，但在炎热的低地却很少见到。在爪哇的高峰收集到的属的清单与在欧洲山上收集到的属，其实可以用同一幅图画展现出来！更加引人注目的是，婆罗洲的山峰上生长的植物可以清楚地代表南澳洲的生命形式。一些澳洲的形式，如我从胡克博士那里听到的，沿着马六甲半岛的高地扩张，一方面稀疏地散布在印度，另一方面一直向北延展到日本。

在澳洲南部的山上，F. 穆雷博士发现了几个欧洲物种；其他物种，也不是人为引进的，出现在低地上；胡克博士告诉我说，在澳洲发现的欧洲属，可以列一个长长的清单，不过在中间炎热的地区却没有任何发现。胡克博士在其令人称羡的《新西兰植物群概论》中，提供了关于这个巨大岛屿上植物的类似但令人印象深刻的事实。因此我们了解到，在全世界，生长在更加雄伟的高山上的植物，和生长在南北半球低地上的植物，虽然以最奇异的方式彼此相关，有时完全相同，但在种一级上却有明显的不同。

这个简单的描述仅适用于植物，陆栖动物的分布也可以用非常类似的事实加以说明。在海洋生物中，也有同样的情形。我将援引最高权威德纳教授的评论作为例证："与世界上其他任何地方相比，新西兰与其对跖点不列颠的甲壳类动物具有更加接近的相似性，这当然是一个奇妙的事实。"J.理查森也曾谈及在新西兰、塔斯马尼亚岛等地的海岸，北方类型的鱼类重新出现。胡克博士告诉我说，新西兰和欧洲的藻类中有25个物种是共同的，但在二者之间的热带海洋中却没有发现这些物种。

我们应该看到，在南半球的南部以及热带地区的山系中发现的北方物种和类型并不是北极生物，而是属于北方温带地区的生物。H.C.沃森先生最近评论说，"在从极地向赤道方向的低纬度地区退却的过程中，高山或山岳植物群的确渐渐丧失了极地特征"。生长在更温暖地区的高山上以及南半球的植物,由于被一些博物学家列为特别不同的物种,所以其研究价值是可疑的;但是有一些植物却肯定属于同一类型,而且许多虽然与北方的生命形式密切相关,但必定被列为不同的物种。

现在让我们看一看如何更好地理解前文所述的这些事实,如何理解大量地质学证据都支持的这个观点:整个世界,或者说世界的一大部分,在冰河时期都经历了比现在更加寒冷的天气。整个冰期,如果用年份来衡量,一定是非常漫长的时期,而且当我们忆起,在广阔的空间里,已经实现了本土化的植物和动物在几个世纪中向各地散布,就可以得出结论,这个时期足以完成任何规模的迁徙。随着寒冷慢慢来临,所有适合在炎热地区生长的植物和其他生物都会从南北两极向赤道方向退却,紧随其后的是适合在温暖地区生活的生物,后边是极地生物,但是,后者我们目前暂不做讨论。热带植物可能遭受了大面积的灭绝,至于灭绝到何种程度没有人能够说得清楚。也许之前在热带地区栖居的物种就如我们今天所看到的、拥挤在好望角以及部分澳洲温带的物种数量一样多。我们知道,很多热带的植物和动物能够承受住一定程度的寒冷,所以很多物种在温度下降程度适中时,可能穿越了最温暖的地区逃脱了灭绝的命运。但是,我们需要记住的重要事实是,所有生物都在一定程度上遭受了严重的影响。另一方面,那些温带的生物在迁徙至赤道附近地区时,虽然从某种程度上说不得不面临全新的生活环境,但受到的影响还是要小一些。而且可以确定的是,很多温带植物,如果没有受到内陆竞争者的威胁,可以承受比原生地更温暖的气候。因此,我认为似乎可以这样考虑,热带的生物当时处境煎熬,无法强有力地抵抗入侵者,一定数量更加强壮的、带有优势的温带生命形式可能会突破其原有的生存环境,抵达甚至跨越赤道。当然,这些入侵者最心仪的还是高地,也许更喜欢干燥的气候;因为法尔考纳博士曾告诉我,热带又热又湿的气候对于来自温带气候条件下的多年生植物最为致命。另一方面,最为湿热的地区为热带土著植物提供了保护。喜马拉雅山西北部的山系和科迪勒拉山系,似乎为入侵者提供了两条宽阔的行进路线,有一个令人瞩目的事实是,胡克博士最近和我交流时提到,所有在火地岛和欧洲非常常见的显花植物,大约有46种,在北美洲依然存在，而它们一定是生长在那条入侵时行进的路上。不过我并不怀疑，在寒冷程度达到极致的时期，一些温带生物进入甚至跨过了热带的**低洼地带**，当时北极的生命形式从其原生地迁徙了大约纬度25°的距离，最后覆盖了比利牛斯山脚下的原野。在这个极度寒冷的时期，我相信，当时赤道地区海平面的体感温度大约与现在海拔六七千英尺高的地区相同。在这个最寒冷的时期，我推测，热带低地的大部分地区，都披上了热带和温带植被共同织就的衣装，就像胡克博士描绘的，喜马拉雅山山脚下现在生长着的奇异繁茂的植物。

因此我相信，相当数量的植物，几种陆栖动物，还有一些海洋生物，在冰河时期都从北部和南部的温带地区迁徙到了热带地区，有些甚至越过了赤道。等到温暖回归，这些温带生物自然会攀上更高的山峰，因为在低地会遭遇灭绝的厄运；那些没有抵达赤道地区的生物，会重新向北或向南回到自己之前的家园；但是那些已经穿越了赤道的生物，主要以北方生物为主，会朝着背离家乡的方向继续向前，抵达另一个半球温和的纬度。虽然我们依据地质学的证据有理由相信，北极的贝类在向南方迁徙和向北方回迁的长途跋涉中,整体上几乎没有经历变异,这种情况与定居在热带高山和南半球的入侵生命形式的遭遇不同。这些被陌生生物包围的生命形式将不得不与许多新形式竞争,也许其结构、习性、体质的变异将给它们带来好处。因此,很多这样的"流浪者",虽然在遗传上依然与其处于北半球或南半球的兄弟们具有明显的联系,但在新的家园是作为特征明显的变种或是不同的物种而存在的。

胡克在讨论美国、阿尔弗·德·康德尔在讨论澳洲时都坚持,许多相同的植物或者近缘的生物很明显是从北向南,而不是从南向北迁徙的,这是一个值得注意的事实。但是,我们在婆罗洲和阿比尼西亚的山上发现了一些南方的植物。我猜想,这种从北向南迁徙的倾向是由于北方的陆地面积更大,而且也由于栖居于北方的生命形式数量更多,因此,通过自然选择和竞争,它们相较于南方的生命形式处于更完善的阶段或者说更具有占优势的力量。这样,当它们在冰期与其他生物融合时,这些北方的生命形式就能战胜较弱的南方生物。和我们今天看到的情形一样,非常多的欧洲生物覆盖了拉普拉塔的地面,而且一定程度上还战胜了当地的土著生物,但在澳洲的覆盖程度稍低；不过，在过去的二三百年间从拉普拉塔，近三四十年间从澳洲，虽然可能携带种子的兽皮、羊毛以及其他物体已经大量被带到了欧洲，但在欧洲的大部分地区，已经完成本土化的南方生命形式却非常稀少。同样的情形也会发生在热带的高山上：毫无疑问，在冰河时期之前，具有地方特色的生命形式占据着这些高山，但是这些生物在几乎每一个地方都让位于生长于北方更广袤的土地、由北方更高效的作坊生产出来的更具优势的生命形式。在许多岛屿上，土著生物数量与外来的归化生物数量基本持平，甚至被外来生物超越，而且即使土著生物没有遭遇真正意义上的灭绝，其数量也出现了锐减，而锐减正是迈向灭绝的第一步。高山其实就相当于陆地上的岛屿，在冰河时期之前，这些热带的高山一定被完全隔绝，而且我相信，这些陆地岛屿上的生物让位于生长在北方更广袤土地上的生物，其方式与近年来真正的海岛上的生物完全让位于因人力作用而实现了本土化的大陆生物一样。

我并不认为上述的所有困难，可以通过这些关于南北方温带和热带高山地区近缘物种的分布和亲缘关系的观点予以解决。还有非常多的困难有待解决。我并不奢望指出迁徙的准确路线和途径,或是说明为何某一物种而不是其他物种进行了迁徙,为何特定物种发生了变异并产生了生命形式的新群,而其他的物种却保持不变。我们不能期望去解释这类事实,除非我们可以说明,为什么一个物种而不是另一个物种可以借助人的力量在异乡得以归化;为什么一个物种可以比留在其家乡的另一个物种分布得远两到三倍,且数量增多两到三倍。

我已经说过,很多难题还有待解决。胡克博士在其关于南极地区的植物学著作中对一些重要问题进行了非常清晰恳切的陈述。这里将不再赘述。我在这里想要讨论的是,在辽阔而遥远的凯尔盖朗岛、新西兰和富吉亚这些地方,生长着同样的物种,我相信莱尔的观点,即在冰期接近尾声时,冰川在这些植物的散布过程中起到了举足轻重的作用。但是,几种属于南方属的特别不同的物种存在于这些地区以及南半球其他遥远的地方,根据我的理论,是一个更加值得注意的难题。因为这些物种中的一些是如此不同,以至于我们无法假定它们有足够的时间可以在冰河时期开始之前完成迁徙,同样,它们也没有时间完成之后必要的变异。这些事实在我看来表明了一点，那就是，这些奇异且完全不同的物种是从某个共同的中心地点以放射状的路线向四处迁移的；而且我注意到，在南半球和在北半球一样，在冰期开始前的那个更温暖的时期，现在被冰雪覆盖的南极大陆曾经生长着非常特别而且与其他地区完全不同的植物群。我怀疑在这个植物群被冰期消灭之前，少数类型通过某种偶然的传送方式，通过以当时存在但现已沉没的岛屿作为歇脚点，借助冰川的帮助，在南半球的不同地方得以广泛散布，而这一切可能发生在冰河时期开始之前。通过这些途径，我认为，美洲、澳大利亚和新西兰的南部海岸，大约会有些许同种植物的特殊类型存在。

在一篇直击人心灵的文章中，莱尔爵士运用和我几乎相同的表述方式探究了气候的巨大变化对地理分布产生的影响。我相信，近年来整个世界都已经感受到了它的又一轮巨大变化；而且基于这个观点，再加上通过自然选择而完成变异的理论，关于相同或近缘生命形式当今地理分布状况的大量事实都可以得到解释。我们可以说，生命的洪流在一个短暂的时期内是从北向南或是从南向北流淌着，并跨越了赤道；但是自北方而来的生命之水要比自南方而来的生命之水更强劲有力，因为其目的就是要在南方恣意流淌。虽然水平线在潮水最高的岸边升得更高，潮水将它挟裹的漂浮物留在了水平线上，这样生命之水就将蕴藏着生命的漂浮物，从北极低地到赤道地区的高地，沿着这条徐徐攀升的线，留在了我们的高山之巅。也许这些被滞留的各种生命形式可以和我们人类的一些原始族群相互比拟，在几乎每一个地方，它们都被驱赶至最为险要的山巅，在那里生存繁衍，而这些地方记载着周围低地的既往生活，激发着我们探究的兴趣。

地理分布（续）

陆地作为屏障将湖泊系统和河流系统彼此分隔，因此过去人们可能认为，淡水生物在同一地区内不会广泛分布，而海洋显然是更加难以逾越的障碍，因此淡水生物将永远不会拓展至遥远的地区。但是，情况却恰恰相反。不仅很多属于不同纲的淡水物种分布广泛，近缘物种也以令人惊讶的方式遍布了全世界。我很清楚地记得，当我第一次在巴西采集淡水生物样本时，我非常惊奇地看到那里的淡水昆虫、贝类等与不列颠的相似，也看到了周围的陆栖生物与不列颠的不同。

不过，淡水生物的这种广泛分布的能力，虽然令人感到意外，但是我认为，在大多数情况下可以这样解释：它们已经以一种对自身最为实用的方式适应了在池塘之间或是小河之间进行经常性的短距离迁徙；同时，这种适应能力造成其分布广泛，这样的结果也几乎成为一种必然。我们在这里只能讨论几个例子。关于鱼类，我曾相信同一物种永远不可能出现在相距遥远的两个大陆上的河湖之中。但在同一片大陆上，物种经常广泛分布，而且其分布毫无规律可循，比如两个河流系统中可能有一些鱼类相同，而有一些又不同。几个事实似乎可以表明，这些鱼类可能是由于某种意外而被偶然运送过去的，比如在印度，活着的鱼被旋风卷起、抛落在遥远的地方后可能会死去，但其鱼卵却仍然保持着活力，这种情况并不是稀罕事。但我还是倾向于将淡水鱼类的分布归因于近期陆地水平面发生轻微变化而导致的河流之间的彼此通流。河流之间的彼此通流也可能发生在洪水泛滥期间，这时陆地的水平面并没有发生变化。我们在非常晚近的地质时期内水平面发生过相当程度变化的莱茵河畔的黄土中找到了证据，当时的土层表面被陆栖及淡水的贝类占据。从古时起，绵延的山系就将两侧的河流系统隔开，彻底阻止了两侧河流的通流，这里的鱼类之间存在的巨大差异似乎也能导向同样的结论。至于近似的淡水鱼类分布在世界上彼此相距遥远地区的问题，无疑还有很多种情况目前无法解释，但是，一些淡水鱼类属于非常古老的类型，而且在这种情况下，它们有足够的时间应对巨大的地理变化，因此有时间和途径进行大规模迁徙。其次，咸水鱼类也可以慢慢地、小心翼翼地适应淡水环境，而且根据瓦伦西尼斯的观点，没有任何一个鱼类种群仅仅局限于淡水之中，因此我们可以想象，淡水鱼类群中的海洋鱼类成员可能沿着海岸线旅行了相当长的距离，并且在途中逐渐发生变异，最后适应了遥远陆地上的淡水生活环境。

一些淡水贝类的物种也分布极广，而且是近缘物种，根据我的理论，它们源自同一个亲代而且来源单一，这些物种遍及整个世界。我对于它们的分布情况起初大感不解，因为它们的卵不可能通过鸟类来传送，而且鱼卵也会像成年的鱼一样立即被海水杀死。我甚至也不能理解，一些被归化了的物种如何在同一个地区迅速扩散。但是，我观察到的两个事实（当然一定还有很多其他的事实有待进一步发现），为我理解这个问题提供了一些灵感。当一只鸭子在布满浮萍的池塘突然出现时，有两次我看到它的背上背负着这种小植物；而且当我将一株小小的浮萍从一个水族培养器移至另一个时，我非常不小心地将里面的一个淡水贝类也顺带移了过去。但另外一种媒介也许更具有效力：我将一只鸭子吊了起来，让它的脚悬浮在一个水族培养器中，用来模拟鸟儿在一个自然的池塘里睡觉时可能的样子，当时该培养器中还孵化着许多淡水贝类的卵；这时我发现，大量极其微小的、刚刚孵化出来的贝类爬上了鸭子的脚并且紧紧附着在上面，它们附着得非常紧，即使将鸭子的脚拉出水面它们也不会脱落，直至它们到了一定年龄后自动脱落。这些刚刚孵化出来的软体动物，虽然在天性上属于水栖动物，但在潮湿的环境下，可以附着在鸭子的脚上存活12小时至24个小时；而在这样长的时间段内，鸭子或鹭鸶至少可以飞行六七百英里，如果它们被风吹送过海洋，抵达大洋中的某个小岛或是任何其他遥远的地方，它们在那里也一定会降落在某个池塘或某条小河里。莱尔爵士也告诉我，他曾提到一只身上紧紧附着一只盾螺（一种类似于帽贝的淡水贝类）的龙虱；而一只同科的水甲虫（细纹龙虱），被风吹到了贝格尔号船上，当时这条船离距离最近的陆地还有45英里。没有人知道，如果遇到强劲的顺风，它可能会被吹送多远。

很多淡水植物甚至沼泽植物的物种在大陆和最遥远的海岛上都分布极广，这一点我们很久之前就已经了解到了。根据阿尔夫·德·康多尔的观点，这种情况在包括极少数水栖成员的各种陆栖植物大群中得到了充分体现；因为这些水栖成员似乎很快就能在非常广泛的范围内散布，而这似乎也是全群分布极广的原因。我想这个事实可以通过几个适宜的分布途径来解释。我之前已经提及，一定量的泥土（虽然很少见）偶尔会附着在鸟类的足和喙上。经常徘徊在池塘边污泥中的涉水禽鸟，一旦突然飞起，足上极有可能沾满污泥。属于这一目的鸟是我能够列举的最爱漫游的鸟类，有时在位于广阔海洋中最遥远、最荒凉的岛上都能发现它们的足迹；它们似乎不会落在海面上，这样它们脚上的泥土也就不会被海水冲刷掉；当它们抵达陆地时，一定会飞到它们天然就喜欢的淡水栖息地。我不相信植物学家们会意识到这些带有种子的池塘边的污泥发挥了多么大的作用；我自己曾经做过几个小实验，不过这里只能展示一个最重要的例子：2月份的时候，我从一个小池塘边的三个水下不同地点取到了三羹匙污泥；这些污泥干燥后重量是六又四分之三盎司；我把它们盖好，在我的书房里放置了六个月，每当有植物长出，我就拔出来，将它记录在案；这些植物种类繁多，前后共有537株；而那块黏黏的软泥仅仅用一个早餐杯就可以全部盛下！考虑到这些事实，我认为，如果水鸟没有把淡水植物的种子运送到广袤的远方，如果这些植物没有在广大的范围内生长，那倒是无法解释的情形了。同样的媒介对于一些小型淡水动物的卵可能也会起到同样的作用。

还有其他未知的媒介可能也起了作用。我曾经说过，淡水鱼类会以某些种类的种子为食，虽然它们在吞入其他种类的种子后会重新吐出来；甚至小鱼也会吞入体积相当大的种子，比如黄睡莲和眼子菜属的种子。在一个又一个世纪里，鹭鸶和其他鸟类每天都要捕食鱼类，捕食后会飞到另外的水域，或者被风吹过海面；而且我们已经看到，一些种子在很多个小时之后随粪便排出之后仍然保持着发芽的能力。当我看到精致的莲花体积很大的种子，同时记起阿尔夫·德·康多尔关于这种植物的讨论时，我想，它的分布也一定还有很多令人无法解释的地方；但奥杜邦申明，他在鹭鸶的胃里发现了大型的南方睡莲（按照胡克博士的说法，也许应该是北美洲黄莲花）的种子；虽然我并不知道这个事实，但类似的事情让我相信，鹭鸶飞到了另一个池塘，享用了一顿鱼类大餐后，可能排出的粪便中含有没有消化掉的莲花种子；或者这些种子是在鸟类喂食雏鸟的时候掉落，就好像用来喂食的鱼有时候会掉落一样。

在考虑这些分布方式时，应该记住的是，当一个池塘或一条河流在最初形成的时候（比如在一座隆起的小岛上），里面是没有生物的；一粒种子或一颗卵都将获得成功生长的良好机会。无论池塘中生活的生物种类多么少，各个物种的个体之间总是存在生存斗争，不过，由于和陆地上的物种数量相比，池塘中的物种种类相对较少，这样水栖生物之间的竞争没有陆栖生物间的竞争那么激烈；结果从其他地区水域迁来的入侵者，会比同种情况下的陆地殖民者获得更好的机会占据自己的领地。我们也应该记得，一些或许是很多淡水生物在自然的系统中属于低级的生物，而且我们也有理由相信，如此低级的生物没有高级生物变化或变异得那么快；而且这将给同样的水栖物种更充足的迁徙时间。我们不应该忘记这种可能性：很多物种之前曾像淡水生物一样尽其可能地连续分布在广阔的空间内，但后来却在某个中间的区域灭绝了。但是，淡水植物和低级动物的广泛分布，无论是保持着同样的形式还是在某种程度上发生了变化，我相信这主要是依靠动物对它们的种子和卵所进行的广泛传播，尤其是依靠具有强大飞行能力的淡水鸟类，它们依据天性，从一个地方旅行到另一个地方，经常还会抵达一片遥远的水域。自然就像一位精心的园艺师，将植物的种子从一个特定自然环境下的温床带走，撒落到另一个同样适于它们的温床之上。

论海岛上的栖居者

现在我们来到了三类事实当中的最后一个。这些事实是我为了展现关于分布问题的巨大困难而挑选出来的，关注的是这个观点：相同或近缘物种的所有个体，虽然在时间的长河中迁移到了地球上一些遥远的地方栖居下来，但它们都来自同一个亲代，因而也都来自一个共同的出生地。我已经说过,我不能真正赞同福布斯关于大陆延伸的观点,因为如果我完全遵从,势必导向这样的看法,即在最近的时期内所有现存的岛屿都几乎或完全与某个大陆相连。这个观点可能会解决许多难题,但我认为,它无法解释关于岛屿生物的所有事实。我下面的论述将不仅仅局限于对分布问题的讨论,我将关注一些其他的事实,有关两个理论之真实性的事实:独立创造和传代中的变异。

栖居在海岛上的所有类别的物种与栖居在同等面积的大陆上的物种相比,在数量上要少得多:阿尔夫·德·康多尔在植物问题上,沃拉斯顿在昆虫问题上,都承认这一事实。如果我们观察一下新西兰面积广大、形态多样、从南到北绵延780英里的栖居地,再将其750种显花植物与好望角或澳洲大陆上同等面积的显花植物比较,我想我们一定会承认,某种与物理条件绝对无关的因素造成了这种数目上的巨大差异。甚至条件单一的剑桥地区都有847种植物,而盎格尔西的小岛上有746种植物,但是这些数目中包括了几种蕨类植物和几种人为引进的植物,因此这种比较从某种程度上说不太公平。我们有证据表明，阿森松荒芜的海岛上仅有不到6种显花植物，但是许多植物，就像在新西兰或是其他任何一个可以作为例子列举出来的小岛上一样，已经在岛上完成了归化。在圣海伦那，我们有理由相信，归化的植物和动物已经几乎或者完全消灭了很多本土生物。承认每个物种都是独立创造出来的这一学说的人，将不得不承认，相当大数量的最适应的植物和动物都不是在海岛上被创造出来的；人类在毫不知情的情况下，从不同地区将更为众多、完美的生物带到了这个岛上。

虽然在这些海岛上，生物种类数量很少，但特有物种（指在世界其他地区找不到的物种）通常占比巨大。比如，如果我们将马德拉岛上特有陆栖贝类的数量，或者加拉帕戈斯群岛上特有鸟类的数量，与其他任何大陆上发现的数量相比较，然后再将这些岛屿的面积与那个大陆的面积进行比较，我们就会明白上述说法是真实的。这种事实运用我的理论也是可能预见的，因为如我已经解释过的，物种偶尔会在很长的时间间隔之后抵达某一个与其他地区隔绝的全新区域，而且不得不与新的伙伴进行生存竞争，这样它们就极容易发生变异，最后通常会繁衍出成群的变异后代。但是绝不能因为一个岛上几乎某一纲的所有物种都具有特殊性，就认为任何其他纲或同纲其他部分的物种也都具有特殊性；这种差异，似乎由于某些未曾变化的物种成群移入，因而它们之间的关系也没有受到太大的影响。这样，在加拉帕戈斯诸岛上的几乎每一种陆栖鸟类都是特殊的，但十一种海鸟中只有两种是特殊的；而且海鸟很明显要比陆栖鸟更容易抵达这些岛屿。相反，百慕大与北美洲的距离同加拉帕戈斯与南美洲的距离相等，虽然其土壤特殊，却没有一种特有的陆栖鸟类；而且我们从J.M.琼斯先生那部描写百慕大的杰出报告中得知，有很多种北美洲的鸟类，在每年大规模的迁徙过程中，会长期或偶然地光顾这个岛。E.V.哈考特先生告诉我，马德拉也没有一种特有鸟类，而很多欧洲和非洲的鸟类几乎每年都会被风吹到那里。这样，百慕大和马德拉这两个岛上栖息着的鸟类，已经在其原来的家园为生存共同奋斗了太久，彼此间早已经互相适应，当它们在新的家园定居下来，每一个种类都被其他的种类钳制而维持它们原有的习性，结果是整个种类都不易发生改变。再者，马德拉栖息着相当数量的特有陆栖贝类，却没有任何一个海栖贝类的物种是特属于其沿岸的：虽然我们现在还不清楚海栖贝类是如何分布的，但我们能理解，它们的卵或是幼仔可能会附着在海藻或浮木上，或者附着在涉水禽类的足上，可能会比陆栖贝类更容易被传送过三四百英里的洋面。栖息在马德拉的不同目的昆虫也明显展现出相似的情形。

海洋岛屿有时会缺少某个特定整纲的生物，它们的位置明显被其他生物占据；加拉帕戈斯诸岛的爬行动物，新西兰的巨大无翼鸟，都占据了哺乳动物的位置。关于加拉帕戈斯诸岛的植物，胡克博士曾阐明，不同目的比例数和其他任何地方都存在巨大差异。这些情况通常都可以运用这些岛屿的物理条件来解释，但这些解释在我看来还值得商榷。我相信，迁徙的便利条件至少与物理条件的特点同等重要。

关于偏远海岛上的生物问题，还有许多细微之处值得注意。比方说，在没有哺乳动物栖息的特定海岛上，一些特有植物的种子呈精妙的弯钩形，弯钩的用途就在于方便四足兽挂在皮毛上将其带走，这种动植物之间的关系最为引人注目。这种现象用我的理论来解释没有任何难度，因为带弯钩的种子也可以通过其他的方式被带到岛上；植物那个时候已经发生了轻微的变异，将形成一种特殊的物种，但还是保留带弯钩的种子，成为一种毫无用途的附属物，同样的情况还见于岛上的昆虫，在其已经愈合的翅鞘下面还保存着已经萎缩的翅。还有，岛上经常生长着树木和灌木，它们所属的目在其他地方只包括草本物种；现在这里的树木，如阿尔夫·德·康多尔所示，无论原因可能是什么，在分布上都有局限。因此，树木不太可能延展到遥远的海岛；而草本植物，虽然在高度上没有机会与充分生长的大树成功竞争，但一旦在岛上扎根，就会与其他草本植物竞争，可能也会取得优势并长得越来越高，超过其他的植物。如果是这样，当草本植物在岛上生长的时候，无论它属于哪一个目，自然选择往往有增加其高度的倾向，因而使它们先变成灌木，最终变成乔木。

关于岛上某些整目缺失的问题，博里·圣樊尚很久以前就曾说过，在很多被海洋包围的岛屿上从未发现过两栖类（青蛙、蟾蜍、蝾螈）。我发现这种说法非常正确，但想要证明其有效性还是非常伤脑筋。在很多海岛上通常见不到青蛙、蟾蜍和蝾螈的原因并不能用岛上的物理条件加以解释；事实上，岛上的环境似乎尤其适合这些动物的生存；因为蛙已经被引进到马德拉、亚速尔和毛里求斯，而且已经在那里大量繁殖，甚至已然成灾。但是因为这些动物和它们的卵一遇到海水就会死亡，所以我们就能明白将它们运送过海的巨大难度，这样，它们为何没有出现在任何一个海岛上就可以得到解释了。不过，根据创造的理论，它们为什么没有在海岛上被创造出来，将是非常难以解释的问题。

哺乳动物提供了另外一个相似的例子。我曾经仔细地寻找过最为古老的航海记录，不过我需要继续搜寻下去，因为我还没有在离大陆或巨大的大陆岛300英里开外的地方找到一个与陆栖哺乳动物（不包括当地土著家养的动物）有关的无可辩驳的例子，在很多离大陆近得多的岛屿上也同样没有找到。福克兰岛似乎是个例外，这里生活着一种像狼一样的狐狸，但这个群岛不能被看作是海洋岛，因为它坐落在与大陆相连的沙洲上；而且，冰山以前还曾把漂石带到它的西岸，而且这些冰山可能也带来了狐狸，这种情况目前在北极地区很常见。但也不能说这种小的岛屿无法供养小型哺乳动物，因为它们在世界上许多靠近大陆的小岛上出现过,而且我们不能列出任何一个小型四足动物无法在那里完成归化和大量繁殖的岛屿。根据创造论的一般观点,不能说那里没有足够的时间来创造哺乳类动物;很多火山岛都非常古老,而且从它们遭受过严重的陵夷作用以及根据其第三纪地层可以看出,那里也有足够的时间产生出本地特有的、属于其他纲的物种;而且在大陆上,哺乳动物的出现和消失都被认为比其他低级动物要快。虽然陆栖哺乳动物并没有在海岛上出现,但飞行的哺乳类动物却几乎在每一个岛上都存在。新西兰有两种在世界上其他地区都找不到的蝙蝠。诺福克岛、维提群岛、小笠原群岛、加罗林和马里亚纳群岛、毛里求斯群岛,每一处都有它们所特有的蝙蝠。也许人们会问,这些偏远的岛屿为什么拥有这种被人们假定的创造力所创造出来的蝙蝠,却不能产生其他哺乳动物呢?我认为这个问题不难回答,因为没有任何陆栖哺乳动物可以被运送过宽阔的海面,但蝙蝠可以自己飞过去。人们曾看见蝙蝠在远处的大西洋上空盘旋;而且两个北美洲的蝙蝠物种经常或偶尔会光顾离陆地600英里的百慕大。我听专门研究这一科动物的汤姆斯先生说,这类物种许多都分布广泛，在很多大陆和偏远的海岛上都发现过它们的踪迹。因此，我们只需假设，这种喜爱漫游的物种通过自然选择在它们新的家园，根据它们所处的新的环境发生了变异，而且我们能够因此理解，为什么岛上只存在这种特有的蝙蝠，却没有所有其他的陆栖哺乳动物。

陆栖哺乳动物的缺席，除与岛屿远离大陆有关之外，还有一种从某种程度上说与距离无关的关系值得考虑：将岛屿和毗邻的大陆隔开的海水的深度与同类哺乳物种的变异的近缘物种之间的关系。温莎·厄尔先生对此做过令人印象深刻的观察，主要关注大马来群岛在西里伯斯附近遭到一个深海区域的横切，这样，这个深海区域分隔出了两个完全不同的哺乳类动物群。诸岛的每一边都坐落在具有相当深度的海底暗滩上，岛上栖息着非常近似或相同的四足兽。无疑这个群岛会有少数非正常现象发生，而且针对一些特定哺乳动物的归化案例做出判断是非常困难的，因为这些归化可能是人为导致的；但我们很快就可以从华莱士先生付出了巨大热忱对该群岛自然史所做的研究中获得灵感。我目前还没有时间研究这个问题在世界所有其他地区的情况；但据我目前已经做的研究，可以说，海水深度与物种之间的关系是基本正确的。我们知道，不列颠和欧洲被浅海隔开，而海峡两岸的哺乳动物是相同的；我们在澳洲的许多被相似的海峡隔开的岛屿上发现类似的情况。西印度诸岛坐落在一个深深没入海底的暗滩上，深度接近1000英寻，而且在这里，我们发现了美洲的生命形式，但是物种甚至属都不相同。因为在所有的情形下，变异量在一定程度上取决于时间的长短，而且由于在水平面发生变化的期间，很明显被浅海隔开的岛屿比被深海隔开的岛屿在最近的时期内更有可能与大陆连成一片，所以我们能够理解海洋的深度与海岛哺乳动物及其毗邻的大陆哺乳动物的亲缘程度之间所存在的常见关系——这种关系是无法运用独立创造的学说来解释的。

以上是关于海岛生物的所有陈述，具体而言，物种数目稀少；某个特定的纲或纲的某些部分中特有物种的丰富；全群的缺失，例如，虽然有飞行的蝙蝠，但是两栖类和陆栖哺乳动物类全部缺失；某些植物目表现出了特别的占比；草本植物发展成乔木等等，对于我来说，更好的解释是，在时间的长河中，偶然发生的传送方式起到了非常有效的作用，而不是我们的海岛之前曾与最近的大陆连接在一起；因为根据后一种观点，迁徙可能会完成得更彻底；而且如果发生变异的话，根据有机体之间关系的头等重要性，所有生命形式的变异程度应该更趋向一致。

我不否认，理解更偏远海岛上的几种生物如何能够抵达它们现在的家园（无论这些生物在抵达后保持原物种形式不变还是完成了变异），还存在很多严峻的挑战。但是一定不能忽视的是，很多岛屿曾作为歇脚点而存在，这些歇脚点可能没有留下任何遗迹。我这里将举一个例子来对这些困难加以说明。几乎所有的海岛，甚至那些最孤立、面积最小的岛屿，都有陆栖贝类存在，通常都是本地特有物种，但有的时候是其他地方也能发现的物种。A.古尔德博士为我们提供了几个太平洋岛屿陆栖贝类的有趣例子。现在我们都知道，陆栖贝类极容易被盐杀死，它们的卵，至少我曾经实验过，一旦浸入海水就会死去。不过我认为，一定存在某种我们不知道的极度高效的途径来传送它们。会不会是刚孵化出来的幼仔偶尔爬到并附着在了栖息在地上的鸟类的足上，然后被传送出去了呢？我感觉，贝壳口上带有薄膜的休眠中的陆栖贝类，可能会吸附在浮木的缝隙中漂洋过海。而我也曾发现有几个物种确是在这种状态下浸没在海水中7天却没有受到伤害：这些贝类中有一种是罗马蜗牛，等它再次开始休眠时我将它放入海水20天，而它丝毫没有受到损害。因为这个物种有一片厚的石灰质的口盖，我把口盖取走，等它长出新的膜质口盖后，我再次将它浸入海水14天，而它还是复活了，然后爬走了。不过要证明整个问题，还需要做更多的试验。

对于我们来说，关于海岛生物最引人注目、最重要的事实是它们与最邻近的大陆上的物种之间存在亲缘关系，但它们本身还真的不是同一个物种。关于这个事实，可以举出无数的例子。我这里只举出一个，坐落在赤道上的加拉帕戈斯群岛，距离南美洲的海岸大约500—600英里。那个群岛上几乎每一种陆栖和水栖的生物都带有明显的美洲大陆印记。这里共有26种陆栖鸟，古尔德先生将其中的25种列为不同物种，假定它们是在当地创造出来的；但是这些鸟中的大多数在每一个特征，在它们的习性、姿势和鸣声上，都与美洲的物种具有密切的亲缘关系，这一点是明显的。岛上的其他动物也是如此，而且，正如胡克博士在他那部令人称羡的、关于这个群岛的植物志中所示，这里的植物情况也是一样。这位博物学家，在观察距离大陆几百英里之遥的太平洋中的这些火山岛上的生物时，感觉自己就站在美洲的土地上。为什么会如此？为什么这些被认为是在加拉帕戈斯群岛上创造出来的、独一无二的物种，会带上和美洲创造出来的物种具有亲缘关系的印记呢？岛上的生存条件、岛上的地质特征、岛屿的高度或气候，或者共存的几个纲的比例，无一处与南美洲沿岸的条件具有密切相似之处，事实上在所有的这些方面还存在着巨大的差异。另一方面，加拉帕戈斯群岛与佛得角群岛，在土壤的火山特质、气候、高度、面积等方面的相似程度更高，但两地的栖居生物却是那么迥然不同！佛得角诸岛上的生物与非洲大陆上的生物密切相关，就好比加拉帕戈斯群岛上的生物与美洲大陆的生物相关一样。我现在这个重要的事实根据独立创造的一般观点根本无法解释，而根据我在本书中一直提及的主张，很显然，加拉帕戈斯群岛很可能接收了来自美洲的殖民者，无论是通过偶然的传送方式还是因为之前连续的大陆；而且，这些殖民者到来之后非常容易发生变异，不过遗传的原理仍然泄露了它们的原生地。

关于这个问题可以举出很多类似的例子：岛屿上的特有物种与邻近大陆或其他附近海岛上的生物相关，其实是一个近乎普遍的规律。例外非常罕见，而且也大都可以解释。这样，虽然凯尔盖朗陆地离非洲比离美洲更近，但根据胡克博士的描述我们知道，它的植物却与美洲的植物关系更密切；可是如果根据岛上的种子主要是由随洋流漂浮而来的冰山所携带的泥土和石块带到了该岛这种观点来解释，就不存在任何反常了。新西兰的特有物种与其最近的大陆澳洲的物种之间的关联比与其他任何地区都更紧密，这大概早就预料得到；但它与南美洲的物种也非常密切，这个事实就有些反常了，因为虽然南美洲是离新西兰第二近的大陆，但是距离毕竟非常遥远。不过，根据下面的观点解释的话，这个难题几乎也就消失了，这个观点就是：在很久以前，在冰河时期开始以前，新西兰、南美洲和其他南方陆地上的部分生物都是从一个遥远的中间地点传送而来的，具体来说是南极诸岛，那时那里还长满了植被。这些澳洲西南角和好望角的植物群之间的亲缘关系，虽然薄弱，但胡克博士让我相信这是实实在在的，而且目前还未得到解释；不过这种亲缘关系只局限于植物，我不怀疑，将来有一天是会得到解释的。

一座群岛上的生物，虽然具有特殊性，却与最近的大陆上的生物密切相关，而决定这一切的法则，有时我们会看到它稍微崭露头角，却是以最为有趣的方式得以表现，而且是在同一群岛的范围之内。这样，加拉帕戈斯群岛的几个小岛都有生物以非常奇妙的方式栖息着，正如我在其他地方所示，这些生物都是具有密切关系的物种；结果是，每一座孤立小岛上的生物，虽然各具特点，但彼此之间的关联程度比与世界上任何其他地区的物种都更紧密。而且这也许是可以料想得到的，因为根据我的观点，这些岛屿彼此相距很近，几乎可以确定，它们会接收同源的迁徙者，或者接受彼此间的迁徙。但是，岛上特有生物之间的差异可能会被作为一个论据来反驳我的观点，因为也许有人会问，为什么来自彼此相望的几个岛屿上的很多迁徙者会发生不同程度的变异呢，虽然差异程度很小，因为这些岛屿具有同样的特质、同样的海拔、同样的气候等等。这似乎也是长久以来我面临的最大难题，出现这个难题的主要原因在于长期以来根植在人们头脑中的错误观念,即认为一个地区的物理条件对于其生物是至关重要的;然而,我认为,也不能否认,其竞争对手的特性对于其在竞争中取胜至少同等重要,而且通常是一个更加重要的因素。现在如果我们观察一下在世界其他地区也能发现的加拉帕戈斯群岛上的那些生物(这里我们暂且先不包括特有物种,因为我们还没有确定它们抵达该群岛后为何会发生变异),我们发现它们在若干不同的岛上存在相当大的差异。这种差异其实并不出人意料,我的根据是,岛屿生物是通过偶然的方式被运送而来的,比方说,某种植物的种子被带到了这个岛上,另一种植物的种子被带到了另一个岛上。因此,当一个迁徙者在之前的某个时期内在这些岛屿中的一个或多个定居时,或者当它之后从一个岛屿向另一个岛屿散布时,毫无疑问它会在不同的岛屿上遭遇不同的生存条件,因为它将不得不与很多其他生物竞争;比如,一种植物会发现,最适于它生长的土地已经被其他不同的植物占据,这种情况在一个岛上可能会比在另一个岛更严重,而且它也可能会遭遇敌人的攻击,这些敌人之间或多或少都会存在差异。如果在那个时候它发生了变异，那么自然选择可能会在不同的岛屿青睐不同的变体。但是，一些物种可能得以散布并且在整个群中保持相同的特征，正如我们在大陆上看到的一些物种，虽然分布广泛但仍保持着相同的特征。

加拉帕戈斯群岛真正令人吃惊的情况是，在相互独立的岛屿上形成的新物种并没有快速散布到其他岛屿，而且其令人吃惊的程度比一些类似的情况要高。但这些岛屿虽然彼此相望，却被很深的海湾阻隔，有些地方阻隔它们的海湾甚至比英吉利海峡还宽，而且我们没有理由推测这些岛屿在之前任何时期内可能会彼此相连。匆遽的海浪掠过群岛，强劲的海风却异常罕见，所以，这些海岛彼此隔绝的程度是地图所无法充分展现的。然而，还是有相当数量的物种，无论是那些在世界其他地区可以发现的，还是仅仅局限于该群岛的物种，却是几个岛屿共有的，我们可以根据特定的事实推测，这些物种可能是从一个岛散布到其他岛上的。但是我觉得，非常近缘的物种，当它们有可能自由往来时，会侵占彼此的领地，我们经常对这种可能性秉持错误的观点。如果一个物种比另一个物种占据任何一种绝对优势，它会在最短的时间内部分或完全取代另一个物种；但如果两个物种都能够很好地适应其在自然界中的位置，那么二者可能都会保有自己的位置，而且无限期地互不干涉。通过人力干预实现归化的物种会在新的地区以惊人的速度散布，熟知了这个事实，就不难推测，大多数物种都是这样散布的；但我们应该记住，在新地区归化的生命形式通常与本地生物没有非常近缘的关系，而根本就是非常不同的生命形式，如阿尔夫·德·康多尔所示，在大多数情况下属于不同的属。在加拉帕戈斯群岛，甚至很多鸟类，虽然已经习惯于在各个岛屿之间来回飞翔，但每一个岛上的鸟类还是保持着自己的特点，比方说，效舌鸫有三个密切近缘的物种，每一个物种都局限于自己所在的岛屿。现在我们来设想一下，查塔姆岛的效舌鸫被风吹到了已经有自己的效舌鸫物种的查尔斯岛：那么被风吹来的效舌鸫凭什么应该成功地在新家安居呢？我们可以很稳妥地推断，由于查尔斯岛每年鸟类产下的卵比能够长大的鸟数量更大，所以这里的物种已经足够丰富；我们还可以推断，查尔斯岛特有的效舌鸫至少和查塔姆岛上的特有物种一样非常适应自己家乡的环境。关于这个问题，C.莱尔爵士和沃拉斯顿先生已经和我沟通过一个重要的事实，即马德拉和毗邻的桑塔小岛都拥有很多不同但具有代表性的陆栖贝类，有些生活在石缝里；虽然每年都有大量石头从桑塔岛被运送到马德拉，但马德拉岛上并没有桑塔岛的物种移入；然而，两个岛上都生活着一些欧洲的陆栖贝类，这些贝类无疑比本土物种更具优势。基于这些考虑，我认为，我们无须惊诧为什么加拉帕戈斯群岛诸岛上的特有或具有代表性的物种没有在岛间广泛散布。在很多其他的案例中，比如，在同一大陆的几个地区，在同等生存条件下，"先来物种"可能会在阻止"后到物种"进入方面起到重要作用。这样，澳洲东南角和西南角，有着几乎相同的物理条件，而且都与广袤的大陆相连，但两个地区却生活着数量庞大的、完全不同的哺乳动物、鸟类和植物。

决定着海岛动物群和植物群一般特性的原则是自然界广泛应用的原则，具体来说，该原则指：移居生物即便与其来源地生物不完全相同，也会有明显的关系；移居者发生了变异，并更好地适应了它们的新家园。我们在每一座高山，每一个湖泊，每一片沼泽，都会看到这个原则在起作用。高山物种

（主要是植物），除非是相同的类型，在最近的冰河时期已经在世界上广泛传播，都与周围的低地物种相关联；因此南美洲的高山蜂鸟、高山啮齿类、高山植物等，都是严格意义上的美洲生命形式；显然，在一座山缓慢隆起的过程中，生物自然会从周围的低地上迁移过来。湖泊和沼泽里的生物也大抵如此，除非有极为方便的运送条件将同类普通物种散布到整个世界。我们在盲目选择栖居在美洲和欧洲洞穴中的动物身上也能看到同样的法则在起作用。我还可以给出其他类似的例子。我相信，以下原则具有普适意义：随意选择两个地区，无论其相距多么遥远，凡是有很多亲缘关系密切或具有代表性的物种出现的地方，一定会存在相同的物种，根据我们之前讨论过的观点，这表明，在之前的某个时期，两个地区之间曾经存在物种间的流动或迁徙。而且，无论在什么地方，如果有很多密切近缘的物种出现，那里也将会存在被一些博物学家列为不同物种的多种生命形式，有些被定为变种；这些尚无法确定的生命形式向我们昭示了变异过程中的一些步骤。

一个物种的迁移能力和迁移范围之间的关系，无论是在现阶段还是在不同物理条件下之前的某个阶段，也无论在世界其他遥远的地方是否存在与该物种近似的其他物种，都可以用另一种更加普遍的方式表示出来。很久以前，古尔德先生和我谈到，在那些遍布世界各地的鸟类的属中，很多物种的分布范围极其广阔。我不怀疑从普遍意义上讲这条规律的正确性，却很难加以证明。在哺乳动物中，我们可以看到这一原则在蝙蝠身上表现得非常明显，但在猫科和犬科中表现的显著程度较低。如果我们比较一下蝴蝶和甲虫的分布情况，也可以理解这一原则。该原则对于大多数淡水生物也适用，因为淡水生物有很多属遍布世界，而且很多单一的物种分布范围也非常广泛。这并不是说在遍布世界的属中，所有物种都会分布广泛，而是说其平均分布广泛，而且也只是一些物种分布非常广泛；由于分布广泛的物种运用的方法各不相同，而且能否产生新的生命形式也将对平均分布产生决定性的影响。比如，同一物种的两个变种栖居在美洲和欧洲，这样该物种就有非常广泛的分布范围；但是，如果变异程度大一些，这两个变种就会被列为不同的物种，而它们的分布范围就大大缩小了。而且，这更不意味着，明显有能力越过障碍而且有能力分布广泛的物种，比如某些翅膀强劲有力的鸟类，将一定会分布广泛；

因为我们永远都不要忘记，分布广泛不仅意味着穿越障碍的能力，更意味着具有在遥远的土地上和异地生物进行生存斗争并取得胜利这一更重要的能力。但是，按照下述观点，即一个属的所有物种，尽管现在已经散布到了世界上最遥远的地方，都是单一亲体的后代，我们应该就能发现（而且我相信根据普遍规律我们一定可以发现），至少一些物种分布非常广泛，因为没有变异的亲体必定分布得更广、在分布的过程中发生了变异，而且它也应该将自身置于多种适于其后代转变的条件之下，首先变成新的变种，最终成为新的物种。

考虑到特定物种分布广泛，我们应该记住，有些物种非常古老，一定是在某个遥远的时代来自同一祖先；因此，在这种情况下，将会有足够的时间发生巨大的气候及地理变化，也有足够的时间完成偶然的传送，结果是，一些物种会迁移到世界上的各个地区，并根据新的环境发生一些变异。根据地质学证据，我们也有一些理由相信，每一个大纲中的低级生物通常比相对高级的生物变化更慢，因此低级的生命形式将更有机会广泛分布并保持同一物种的原有特征不变。这个事实，加上很多低级生命形式的种子和卵都非常小，适于远程传送的事实，也许可以为我们发现了很久的一个法则提供解释,而且最近阿尔夫·德·康多尔针对植物,具体而言,针对任何群的生物越低级、分布就越广泛这一法则进行了令人钦佩的讨论。

刚刚讨论的各种关系,具体而言:低级的、变化缓慢的生物比高级的生物分布更广;分布地区广泛的属当中的一些物种本身也分布广泛;高山、湖泊和沼泽生物与周围所处环境不同的低地和干地生物有关系(存在尚待说明清楚的例外);同一群岛的诸小岛上栖居的不同物种间有非常密切的亲缘关系;尤其引人注目的关系是每一个群岛或岛屿上的栖居者与最近大陆上的栖居者之间的关系。这些关系,在我看来,运用每个物种都是单独被创造出来的普通观点是无法解释清楚的,但是依据从最近及最便利地区移居及其随后发生变异、更好地适应新家园的观点是可以得到解释的。

上一章和本章小结

在这两个章节中我尝试说明的是,如果我们允许自己完全忽视所有在最近的时期内确实发生过的气候变化和陆地水平面变化所产生的充分影响，忽视在同一时期内可能发生过的相似变化的影响；如果我们记得对于很多奇妙的偶然传送方式这个几乎没有被认真考查过的问题是多么无知；如果我们记得一个物种在一片广阔的区域内连续分布，但随后在中间地带灭绝的情况发生得多么频繁，我想，相信同一物种的所有个体，无论其所处位置在什么地方，都是相同祖先的后代，就不会有任何难以克服的困难了。而且我们被导向了如下结论，许多博物学家基于单一创造中心论，通过对一些问题的思考，尤其是对屏障的重要性以及亚属、属和科的相似分布的普遍思考，也得出了同样的结论。

根据我的理论，同属的诸不同物种都是由一个亲代来源地散布出去的；如果我们认识到自己身上存在的上文所述的诸多无知，并且牢记：一些生命形式的变化是非常缓慢的，因而有大量可供其迁徙的时间，我想，没有什么困难是不可克服的；虽然情况经常如此，但对于同一物种的个体而言，困难还是相当严重的。

在举例说明气候变化对分布的影响时，我尝试说明了现代冰河时期的影响是多么重要，因为我完全相信，它同时影响了整个世界，或者至少影响了广阔的环赤道带地区。在说明偶然的传送方式是多么千变万化时，我也用了一点篇幅讨论了淡水生物的散布途径。

如果承认时间长河中的同一物种的所有个体以及近缘物种的所有个体都来自某一个地方这个观点并不存在特别难以克服的困难，那么我认为，一切有关地理分布的重要事实，就可以运用物种迁徙（通常指更占优势的生命形式）、随后的变异以及新物种的繁衍得到解释。这样我们就可以理解水中和陆地上存在的任何屏障的极度重要性，这些屏障将我们的动物和植物区域分隔成了若干部分。这样，我们能够理解亚属、属、科的地域化，理解在不同纬度地区，比如南美洲，平原、山区、森林、沼泽和沙漠中的生物如何以一种神秘的方式通过亲缘关系连接在一起，而且也同样与之前曾生活在同一片大陆上的已灭绝物种连接在一起。将物种与物种之间的关系铭记于心至关重要，我们可以明白为什么具有几乎相同物理条件的两个地区会存在着完全不同的生命形式；因为根据新的栖居者进入一个地区后流逝的时间，根据流动的特质所决定的可以进入某一地区的是某个特定生命形式而不是其他生命形式（无论数量是多还是少）；根据移入者是否需要在彼此之间或与土生动植物或多或少地进行直接竞争；根据移居者变化快慢的能力（无论当地的物理条件如何），变化多端的生活条件都会接连在不同的区域发生，也会出现几乎是无限量的生物间的作用与反作用；而且我们应该发现（我们也的确发现），一些生物的群发生了巨大的变异，一些仅仅发生了轻微的变异；一些生物发展迅速，一些则数量稀少——所有这一切都发生在世界上几个不同的、大的地理区域之内。

根据同样的原则，正如我一直努力展示的那样，我们能够理解，为什么海洋岛屿生物种类较少，而且其中大部分是特有或特殊物种；为什么由于迁徙的原因，生物的一个群内，甚至同一个纲内，所有的物种都是特有的，而另一个群内所有的物种在世界其他地区都可以发现。我们可以理解，为什么生物的全群，比如两栖类和陆栖哺乳动物，会在海岛上缺席，同时最为孤立的岛屿会拥有自己特有的飞行哺乳类物种或蝙蝠。我们可以明白，为什么生活在或多或少发生了改变的条件下的哺乳动物会同横亘在岛屿和大陆之间的海洋的深度存在某种关系。我们可以清楚地知道，为什么一个群岛上的所有生物，虽然在若干小岛上各具形态，会彼此具有密切的亲缘关系，会同样与最近大陆上的生物或移居者的其他可能来源地有关，但关系却不那么密切。我们能够知道，为什么两个地区间，无论彼此相隔多么遥远，都会通过相同的物种、变种、可疑物种、不同却具有代表性的物种，存在一种相互关系。

正如已故的爱德华·福布斯一直坚持的，在穿越时空的生命法则中存在着一种惊人的平行现象：在过去的时光中主宰着生命形式演替的法则与当下在不同地区决定着各种差异的法则几近相同。我们可以在很多事实中看到这种平行。每一个物种和物种群的存在在时间上是连续的；因为这一规律很少存在例外，所以这些存在的例外可以很公平地归因于我们至今仍未在中间的沉积物中发现的那些缺失的生命形式，但这些生命形式却存在于这些沉积物的上部和下部：所以在空间中，单一物种或某一物种群栖息的地方是连续的，这一定是普遍规律；而例外也并不少见，它们可以由在之前的某个阶段在某种不同的条件下的迁徙，或偶然的传送方式，或是在中间地带的灭绝来加以解释。在时空中，物种和物种群都有发展的峰值。物种群，无论是属于某个特定的时期，还是属于某个特定的地点，其特性常常由共同的细微特征来标示（比如刻纹或颜色）。观察悠久岁月的世代更替，犹如我们现在眺望世界上那些遥远的地方，我们发现一些生物彼此几乎没有什么差别，而其他属于不同纲，或不同目，或者甚至同一目中不同科的物种之间差别巨大。在时间和空间中，每个纲的低级成员通常比其高级的成员变化更小；但这两种情形之于规律都属于例外。根据我的理论，贯穿于时空中的这些关系是可以理解的，因为我们无论是观察处于世界同一地区在更替的世代中已经发生变化的生命形式，还是观察那些移入远方地区后发生变化的生命形式，每一个纲的生命形式在上述两种情况下都已经被普通世代的同一条纽带联结了起来；两种生命形式的血缘关系越近，它们彼此间的时空距离通常就越小；在这两种情形里，变异法则是相同的，而且是由同一种自然选择的力量累积起来的。

图书在版编目（CIP）数据

多样的生命形式 /（英）查尔斯·达尔文著；郭乙瑶译. — 北京：商务印书馆，2023
（伟大的思想. 第一辑）
ISBN 978－7－100－22297－6

Ⅰ. ①多… Ⅱ. ①查… ②郭… Ⅲ. ①生命起源 Ⅳ. ①Q10

中国国家版本馆 CIP 数据核字（2023）第062101号

权利保留，侵权必究。

伟大的思想 第一辑
多 样 的 生 命 形 式
〔英〕查尔斯·达尔文 著
郭乙瑶 译

商 务 印 书 馆 出 版
（北京王府井大街36号 邮政编码 100710）
商 务 印 书 馆 发 行
山东临沂新华印刷物流
集团有限责任公司印刷
ISBN 978－7－100－22297－6

2023年9月第1版 开本 787×1092 1/32
2023年9月第1次印刷 印张 46¾

定价：260.00元（全十册）